石评梅传

生如夏花

徐丹 著

中国华侨出版社

序言

抬起头来,我爱!
看月儿投入你的胸怀,
忘了一切,忘了世界,忘了自己还在。
不要期待,不要期待。
热泪凝固了,便铸成悲哀。
……

相思可以有很多种,或缠绵悱恻,或痴怨悲戚,或娇嗔埋怨。然而,生死茫茫,天人两隔,相爱而不能爱,寸寸剥离的残情,声声断肠的泣诉,在所有的形容都失色的无措里,你才可从中窥见一个女子的真心和死心。

当年在陶然亭畔哀哀落泪的女子已然随风而逝,只有月如钩,水东流;当年挥斥方遒指点江山的俊杰早已长眠地下,繁花成锦,碧草无情,只有荒丘石墓对残阳夕照,徒增伤心。

生于书香门第,长于诗礼人家,天资聪颖如她,娇俏玲珑如她,天真纯洁如她,却未能在人世间安然度过 26 个春华。"以生花之笔，写哀时之痛"，那清妙绚丽的文字，动人心魄的诗篇，足以让默默无闻的她与吕碧城、张爱玲、萧红争奇斗艳，并称"民国四大才女"而毫无矜夸。

她是石评梅，才华横溢，热血满怀，为了正义，为了光明，她可以奋笔疾书，她可以奔走呼号，她可以不计个人安危。她是石评梅，悲天悯人，伤春怀秋，为了信念，为了爱情，她可以无所畏惧，她可以肝肠寸断，她可以为他流尽毕生所有的眼泪。

高君宇离世以后，在人世间活着的那个石评梅便也不在了，她的魂魄早已随着他的英魂远走。逝者已矣，没有灵魂的躯壳早已看尽人世的悲欢离合，她用余生所有的眼泪偿还了他的情债，便寂然撒手人寰，不再回头，也不再有任何的留恋。

相爱难，相思亦苦，石评梅的哀愁在夕阳荒丘，在陶然石墓。坟墓深处是她的相思尽头，合葬荒丘是这一段高石之恋最完美的剧终。

世间不复再有一个石评梅，但求我们都还记得，她来过这个世界，不带走一片云彩，却留给我们一抹烟霞！

目录
Contents

第一章
石家有女初长成

003　书香门第
010　举家太原
017　附小轶事
025　女师才女
032　学潮风波

第二章
人生若只如初见

043　离家赴京
053　报考师大
062　朦胧初恋
070　梅式才情
079　以文会友
089　初见君宇

目录
Contents

第三章
无情不似多情苦

103　旧爱情断
112　相识相知
121　旅行游记
134　返京赴职
142　红叶相思
153　乱世儿女

第四章
无限相思无限恨

167　独身夙愿
176　象牙戒指
184　君宇病重
192　再度入院
202　生死别离
212　相思情深

目录
Contents

第五章
最是人间留不住

225　伤心故里

238　哀愤其书

245　蔷薇周刊

251　红颜薄命

256　合葬荒丘

第一章
石家有女初长成

书香门第

　　石家花园坐落在山西省阳泉市郊区义井镇的小河村，依山傍水，环境清幽，风景秀丽，是石家祖先于清雍正年间修筑而成的。石家在彼时的年代可算是声名显赫的大户人家，其花园规模宏大，占地逾1万平方米，园中有窑洞65眼，起脊房112间，由21个大大小小的院落组成一个大院，院中建一别致精巧的小花园，树木成荫，花草集锦，石家花园遂以此闻名。

　　石家花园历经数代，风雨更迭，到石铭这一辈依旧是显户望族，书香门第。

　　石评梅便是在石家花园出生的，1902年的一天，小小的她带着幸福的啼哭声欣然来到这个世界。此时的石铭已经46岁了，年过不惑的他虽然已经和前妻育有一子，但幼女的到来还是给了他有生以来莫大的感动和欣慰。

　　石评梅的父亲石铭，字鼎丞，清末举人，为儒学教官；其母亦出生于书香门第，为官宦之后，是石评梅父亲的续弦夫人。

　　石评梅的父母都十分疼爱这个娇俏玲珑的孩子，尤其是她的父亲，因为中年喜得千金，对石评梅更是爱如珍宝，视若掌上明珠，故而为其取乳名为心珠，学名汝璧。

　　后来，因爱慕梅花之俏丽坚贞，她遂自取名为石评梅，其后便以此名而为人所闻。

石评梅的父亲虽然是清末举人，也曾为没落的清政府效力过，但是他思想开明，目光长远，富有革新精神，因而石评梅在他的教育下能够自由成长而无所束缚。

在那样一个新旧交替的时代，封建思想仍然占据着道德的制高点，相较大多数女子而言，石评梅因为有一个知书达理而又善于变通的父亲而格外幸福。

父亲石铭不仅不受重男轻女封建思想的影响，反而因为石评梅是个女儿家而分外喜爱她，自她出生后，他大半的业余时间几乎都花在与她相伴的娱乐中。

那个时候，绝大多数的女孩子从小还是会被要求裹小脚，然而幸运的石评梅却无须忍受这非人的痛苦，父亲不赞同，母亲也舍不得。

石评梅满周岁的时候，父亲石铭决定给她举办一个"抓周礼"。

"抓周礼"就是将笔、墨、纸、砚、算盘、钱币和书籍等物摆放在小孩面前，任其随意抓取一件，以验其贪廉智愚。在父亲特意为她举办的"抓周礼"上，石评梅竟然出乎意料地抓起一本书册来，这让石铭有些意外和高兴。

在女子无才便是德的年代，石铭不仅没有囿于常规陋习，反而希望女儿能够饱读诗书，从而有自己的见解，有自己的思考。

等到石评梅稍大一点，父亲石铭就开始教她读书写字，她高兴，他也欢喜。

《三字经》、《百家姓》和《千家诗》都是石评梅自小就熟悉的古文经典，在父亲的教育疏导下，她不仅能学而不倦，更能够对这些文字反复记忆，熟读成诵。

这些对同龄的孩子来说显得有些枯燥冗长的传统文学，于石评梅而言，却显得神秘有趣，让她满怀好奇。

也许是遗传了父亲的文学禀赋，也许是天赋使然，石评梅在文字的悟性上，总是叫人不得不叹服。

在并不太平的年岁里，石评梅跟随父亲潜读诗文，深埋书卷，淡淡的时光轮廓里，慈父在侧，幼女在旁，天伦之乐也莫过于此了。

古文经典，诗书精华，父亲不急不缓地教授给她，她也欣然希然地接受着，将之视为童年最长久的乐趣。此时天真无邪的石评梅并不知道，这日复一日的文学积淀，在她日后的生命里会滋养出怎样光彩夺目的一个自己。

石铭也并不知道，他只是怀着一个慈父殷切的向往，希望女儿懂得更多，过得更好。

石评梅很喜欢书，她与书的渊源早在她还是个不知事的婴孩时就开始了。

据石评梅的长辈们说，她刚生下来的时候，日夜哭闹不止，连母亲的奶也不肯吃，请来的医生看过后也束手无策。有些迷信的邻里乡亲听说后，都传言石家这个女婴生下来就啼哭不止是个不祥之兆，况且她的八字太硬，于家庭亲故都不吉利，应该将她溺死方可保太平。石铭夫妇好不容易盼来一个女儿，疼她还来不及，哪里下得了这份狠心。

这时，石铭的夫人李氏打听来一个偏方，说只要在婴孩的枕头底下放上一些书籍方可镇住邪气。于是，他们就把四书五经一类的国学经典书籍放在石评梅的枕头底下，说来也奇，自此以后，石评梅果然止住了哭声，并渐渐好转起来。

石评梅的母亲也是大家闺秀，虽说比不上父亲石铭的才华学问，然而也是略读过一些诗书的女子。有闲暇的时候，母亲李氏也会教石评梅读书，《古文观止》、《幼学琼林》这些都是母亲逐字逐句教会她的。父亲给她的爱是宽厚温和的,母亲给她的爱则是细致温暖的,这让石评梅格外幸福。稍大一点后,母亲便为她亲手缝制了一个小书包,因为石评梅喜爱梅花,还特意在书包的正面为她绣了一支梅花,煞是好看。从此以后,石评梅常常背着这个小书包进进出出,小书包里放着她喜爱的书,她累了倦了,无聊的时候都会拿出书本来读一读,像石评梅这般如此爱书的女子真是不多见,令人惊叹。

石评梅的家乡平定县是一座颇有历史积淀的古城,波澜不兴的嘉河从城中平静地流过。日复一日,年复一年,河边的杨柳青了又黄,黄了又青,只有这座宠辱不惊的古城带着厚重的历史文化安然屹立在晋东大地上。

石评梅爱家乡的山水,也爱平定的古城,这里是生她养她的故乡,也是她那美丽的石家花园所在的地方。这里有她慈爱的父亲,也有她温柔的母亲,更有许多她儿时的美好回忆。这里的一山一水,一草一木,一石一砖,她都用心爱着,从儿时便是如此。

每次出门玩耍的时候,石评梅都会背上母亲给她做的小书包,里面有她的玩具,也有她爱的书本,还放着笔和纸。每当和小伙伴玩倦了的时候,石评梅就会拿出书本来看看,兴致好的时候,也会拿出纸和笔来记下一天中的趣事和见闻,久而久之,她的文字记录竟也积成了厚厚一沓。

平定城里处处都是美景,一年四季都有不同的景致风貌,令人流连忘返。

石评梅外出的时候,也时常被家乡美丽的街景风物所吸引而沉醉,有时她还会将自己眼中所看、心中所感的种种美景画在纸上,虽显笨拙,却也真切可爱。因为喜爱梅花之故,石评梅还曾自画了一幅梅花图，黑枝淡花，凌雪而立，简单的几笔勾勒，竟也有了不同凡响的韵味。

石评梅从小就喜欢到处玩，不过就算不出门，她也不会觉得烦闷，石家花园足够大，满足一个小孩子的好奇和童心已是绰绰有余了。

这样一座年逾百年的老宅，亭台楼阁之间，花草树木之中，处处都有故事，时时都有惊喜。

石家花园旁边有一个百年的洗砚池，池旁有"洗砚池"三个隶书大字，很是醒目。石评梅很喜欢这个文化气息浓厚的地方，因而经常来这里读书、写字、吟诗、画画，浸染在这样的环境里，石评梅学习得格外投入，进步也相当快。逢到与自己年岁相差无几的叔叔姑姑们来这里洗砚台的时候，石评梅最是开心，一个人的欢乐是唯一的，但一群人的欢乐却可以是多种的。

石评梅爱一个人的快乐，也爱这一群人的欢乐，因而有很多时候，石评梅都是在这洗砚池旁和自己的家族亲友一起玩乐度过的。石评梅娇小可爱、天真无邪，同族的亲友姐妹都很喜欢这个古灵精怪的孩子，逢到闲暇娱乐的时候，也总是愿意带着她玩耍。

石家花园的奇花异草虽多，可是却独独没有父亲石铭喜欢的林檎树。

后来，石铭就亲自在院子里种了好些林檎树，没想到竟然成活了。

林檎树虽然普通，然而它从不争奇斗艳早早开放，只待百花怒放后才悠悠然绽放它的洁白，一副与世无争的恬淡模样。石铭就爱林檎树这静悄悄的美丽，美而无声，却叫人流连忘返。后来，石铭将植有林檎树的这个院子命名为"林檎书院"，还专门请人做了一块精致的书匾悬挂在院门上。石评梅和父亲都很喜欢林檎书院，父女俩的闲暇时光，有很大一部分是消遣于此的。石评梅经常随着父亲到林檎书院来看书写字，适逢天气晴好的时候，石评梅还会帮着父亲晒书，父女俩都是爱书之人，这种不言而喻的快乐，在他们相视一笑的默契里愈加珍贵。

最难得的是，林檎树不仅逢春开花，而且还会临夏结果，小小的果子掩映在繁密的绿叶中，惹人爱怜。等到果子成熟后，绿色的外表上就会泛上一点微微的红色，这时就可以摘果子了。因而，读书之外，石评梅在这院子里又多了一项可作娱乐的事情。

林檎树颇高，石评梅此时年幼自然够不着，只能央求父亲来帮她摘果子。

石铭当然十分愿意，有时候还会将石评梅高高举起来，让她亲自体验摘果子的乐趣。

小女儿在他肩上高兴得咯咯笑起来的时候，也是石铭异常幸福的时刻，仿佛生活里所有的遗憾都在和女儿相处的此时此刻得到了圆满。

因为深得父母双亲的宠爱，所以石评梅从小就格外活泼，敢说别人不敢说的话，也敢做别人不敢做的事，娇俏的女儿身下，却显出一种男儿的英武。

俗话说，童言无忌，然而石评梅的童言常常还带着几分浓厚的书卷气，在看似不经意的玩笑中，却显现出家世才学的与众不同。

有一次，石评梅问自己的母亲，她是怎么来的。

母亲李氏便开玩笑逗她说，是自己去观音堂求子，想偷个菩萨座位底下的泥娃娃，没想到弄巧成拙，偷了个小丫头出来。

石评梅听后信以为真，结果就在西房贴了张黄裱纸，上面写着"仙姑在此，诸神退位"几个大字。石评梅的母亲看到后，哭笑不得，拿着鸡毛掸子要打她，石评梅也不怕，反而理直气壮地说："我是观音老母的玉女姑姑，神鬼都害怕，你打我要遭罪的。"

石评梅的母亲听后反而被她逗乐了，原本说要打她也只是做做样子，索性也就随她去了。

在那个年代，女孩子多半被禁足家中，接触外面的世界的机会少之又少。

只有石评梅可以随时外出，从来没有人来拘束她，而且她总是光着一副大脚丫子跑来跑去。村里的人看不惯，思想开明的石铭根本不在意，而石评梅因为年少就更加无畏无惧了。

因为从小读的书多，又加上天资聪颖，所以石评梅常常会故意问自己的父亲"卖弄才学"，有时语出惊人，令她的父亲也无可奈何。

石评梅的父亲和母亲怕是没有料到，这样一个令人啼笑皆非的小小顽童，在未来的日子里，竟会成为文坛上一个不朽的惊叹，成为很多人都会怀念并为之肃然起敬的传奇女子。

小小的石评梅当然也没有想到，今后的自己会在许多人的仰望里，活得美丽而又凄凉。往事随风，后事渺远，只论当下，石评梅是如此快乐而又幸福的一个孩子：

你爱，她亦盛开，你不爱，她也绽放！

山西的古城，平定县的四季，小河村的街巷，一年一年，伴着石评梅的日常琐碎和喜怒哀乐，静静地随着时光悄悄流转。父亲的疼爱，母亲的呵护，让石评梅无忧无虑，自在惬意。

白驹过隙，时光荏苒，成长是永远不能推迟的步伐，石评梅就在这浅淡如画的时光轮廓里静然前行，悄然成长。

举家太原

清朝末年，封建统治势力已经日渐式微，帝国主义乘虚而入，大肆侵略中国，并加紧在中国的掠夺，恣意横行。在这面临国破家亡的危急时刻，打倒帝国主义，推翻封建统治，成了新的时代潮流。在铁路国有化和保路运动的刺激下，全国范围内掀起了轰轰烈烈的反帝反封建斗争。

1911年，孙中山"顺乎天理，应乎人情"，领导了辛亥革命，建立了中华民国政府。

1911年10月29日凌晨两点，山西太原起义军直抵府东街巡抚衙门，防守巡抚衙门的亲军卫队，在睡梦中被惊醒，一片溃乱，于惊惶中四散逃逸。

在衙门后院里，起义军找到山西巡抚陆钟琦，并将其乱枪毙命。

随后，起义军推举阎锡山为山西都督，不久，辛亥革命在全国取得胜利，两千多年的封建君主专制统治得以被最终推翻。

这一年，石评梅已经快十岁了。

在似懂非懂的年纪经历这历史性的巨变，是幸运，还是不幸，都没有谁能替她明确断言，她自己也不能。小孩子不懂政治的世界，也不懂政权更迭的实际意义，但是，这样的改变她还是有所察觉。当在外玩耍的石评梅看见韩侯庙的塔尖上忽然插上一根雪白的旗帜,"在日光中闪耀着,在云霄中飘摇着"的那个时刻,她小小的心间还是敏感地生起了莫名的紧张。

在石评梅记事以来可以搜寻的印象中,她的家乡都是平静安稳的,因而只要有不同往日的稍稍一点变化,她都能敏感地觉察到。

山西太原革命军起义掀起的烈火,渐渐也蔓延到石评梅的家乡,在一片隐约的枪声中,不明就里的乡亲们不知所措,也纷纷开始逃难。

石评梅一家不清楚局势,为了安全起见,也跟随众多乡亲逃了出来,只有石评梅的父亲为了看守祖业而选择独自留下来。

那时,石评梅的心里是分外复杂的,生活从来优渥安定的她,哪里经历过这样的场面,更何况自己敬爱的父亲还留守在家,生死难料。

在她的自传体小说《红鬃马》中,她曾这样描述当时的场景和心情:

> 枪林弹雨中,我们和一群难民跑到城外,那时天已黄昏,晚霞正照着一片柳林,万条金线慵懒地垂到地上。树荫下纵横倒卧着的都是兵士,我们经过他们的面前连看都不敢看,只祷告不要因为这杂乱的足声惊醒他们的归梦。离城有五里地了,赵忠从关东雇来一辆驴车,母亲告诉车夫去南王村,拿着父亲的一封信去投奔一个朋友。我那时才十岁,虽然不知为什么忽然这样纷扰,不过和父亲分离时,看见父亲那惊吓焦忧的面貌,和母亲临行前收拾东西的匆促慌急,已知道这不幸的来临,是值得我们恐怖的!

逃难时我不害怕也不啼哭，只默默地看着面前一切的惊惶和扰乱，直到坐在车上，才想起父亲还陷在恐怖危险中，为什么他不和我们一块儿出来呢！问芬嫂，她掩面无语；问母亲时，她把我揽在怀中低低地哭了！夜幕渐渐低垂，树林模糊成一片漆黑。驴车上只认出互相依靠蜷伏的三个人影。赵忠和车夫随着车走。除了车轮的转动，和黑驴努力前进的呼吸外，莫有一点声响。广漠的黑暗包围着。有时一两声的犬吠，和树叶的飘落，都令人心胆俱碎！……

在这样的恐惧中，石评梅跟着母亲投奔到父亲的一位朋友家，在惶惑不安中度过了难眠的一夜。那天晚上，石评梅的母亲一夜都没有合眼，期间有很多次她都能听见母亲在黑暗里低低的叹息声，她知道母亲在担心父亲，她又何尝不是呢！

庆幸的是，第二天，石评梅的父亲就派人送信来了，表示家里一切安全，随后她便跟随母亲回到了自己的家中。

这一次逃难虽然有惊无险，但是于石评梅而言，却算是无意间体会了一次生离死别的惊险和哀痛。

石评梅的父亲石铭是一个颇有远见的读书人，富有革新思想的他在辛亥革命后积极响应新政府的各项改革措施，带头剪去了自己从小蓄起的辫子。

那时候，新政府推行了许多有力的改革措施：剪发辫，易服饰；改称谓，废跪拜；禁缠足，倡女权。改革者通过这些变革举措，想要移风易俗，改变腐朽落后的社会习俗和封建礼仪，废除根深蒂固的封建恶习，使人民的生活方式走向近代化。

在改革进程中，有很多人处于观望的姿态，或者干脆用一根筷子将头上的辫子盘起来做做样子，但石铭不愿敷衍，毅然决然地剪掉了自己的辫子，以示自己的决心。

石评梅是敬佩自己的父亲的，虽然彼时她还不知道父亲这样做的意义何在，但是她深知，父亲做事一定有他的准则和道理。然而，并不是所有人都能像石铭这样识大体有胆略，进步的石铭在乡下的小城还是不能为人所接受。

"身体发肤受之于父母"，岂能说剪掉就剪掉的？

闭塞的乡人觉得石铭太过激进，也太过不念父母之恩，因而都不能接受他的所作所为。

为此，石铭很是苦闷，也常常为自己在崭新的革命事业前不能有所作为而心有不甘。

后来的一天，石评梅在院子里玩耍，看见父亲回来了，还带来几位她从未谋面的陌生人。

父亲将客人们请进自己的书房，然后关上了房门，他们在房间里谈了很久才出来。石评梅当时有些好奇，然而她并没有鲁莽地闯进去找自己的父亲，而是等到谈话结束后，才去向自己的父亲问个究竟。此时的石铭异常高兴，原来这些人都是来自省城太原，知道石铭是一个热衷新政且支持变革的进步人士，因而想邀请他去省城赴职。

石铭正愁胸怀抱负难以在家乡得以施展，故而对于此次邀请很是在意，短暂思考后，石铭便欣然接受了去太原任教的重任。

当父亲石铭将这个好消息告诉石评梅后，她高兴得连连拍手称好，因为她知道，令父亲如此开怀的一件事一定是好事了。

既然决定去太原第一中学任职，那么一家人就不能再继续留在石家花园了，太原之行也就成了全家人共同的日程。

石评梅从来没有出过远门，对于小小的她而言，平定城仿佛便是所有的天下。

殊不知，外面竟然还有另外的天地，因而，石评梅从一开始就对太原之行充满了期待，也满是欢喜。相较于石铭父女俩的兴奋，石评梅的母亲倒显得平静得多，不论身在何处，于她而言，家人相聚在一起才是最重要的事。

当然，看着父女俩都如此高兴，作为妻子和母亲，她自然也是满足而欣慰的。

石铭在太原附小附近租了一个房子，离他教书的地方近，而且也可以兼顾石评梅上小学的问题。因为身在异地，房子是租住的，图了便利，在房屋的租住条件上自然不能同老家的住宅相比。

三间相连的瓦房，石评梅和父亲母亲一起住在左边的房间，石评梅的嫂嫂住在右边的那间，居中那间屋子便作为客厅。

就这样，一家人在太原简单而又崭新的生活就开始了，石评梅对未来的日子充满了好奇和期待。

搬到省城后不久，恰逢石评梅的生日快到了，就是农历八月十九，中秋节后的四天。

石评梅的父亲对她疼爱有加，再加上一家人刚搬到省城，心情就比平日格外好，因而就张罗着要给石评梅过一个幸福愉快的生辰。

生日那天早上，石评梅起床后，母亲为她梳洗一番后，就给她换上了崭新的衣服，玫瑰色缎子的长袍，外边套一件十三太保的金绒坎肩，一排黄澄澄的扣子上刻着她的小名。石评梅非常喜欢这一套做工讲究且分外亮眼的新装，穿上衣服就美滋滋地走出去和大伙打招呼。

作为小寿星，石评梅这天收到了不少精美的礼物，心情也格外的美好。

石铭已经做好了打算，让女儿在太原附小就读。

虽然石评梅在家中有父亲和母亲的悉心教育，相比同龄的孩子而言，她的古文积累和国文基础是非常好的，然而石铭还是想让自己的女儿能够在新式教育中学习，这也是他欣然接受太原教职的一个重要原因。家乡小河村的私塾教育虽然严谨成熟，但是石铭觉得其教育思想太过封建，教育理念过于落后，在新式教育的浪潮中，迟早是要被取代的。

更何况，在那样一个时代，虽然辛亥革命已经推翻了几千年的封建君主专制统治，但是封建思想的残余势力仍很强大，作为一个女娃娃的石评梅想要同男孩一样光明正大地接受教育，还是一件有些困难的事情。

然而，在气象一新的太原省城，女子入学接受教育已是相当普遍的现象，石评梅的入学问题在这里就迎刃而解了。

离开自己熟悉的故乡，离开自己无比依恋的石家花园，离开自己儿时相伴左右的伙伴，来到这一切都是崭新的太原省城，石评梅的快乐中也夹杂着几分失落。

新房子坐落在胡同的深处，虽然环境清幽，但也未免有些单调寂寞。

因而，当父亲告诉她即将让她在太原附小入读时，石评梅惊呼连连，欢喜雀跃得很。

人生中有许多际遇都是机缘巧合，遇见幸运便是你的幸运，遇见不幸也只能是自己的不幸，而石评梅的幸运就是她有一个疼她爱她，万事都替她考虑周全的父亲。

对于这一点，石评梅是万分确定的，在她后来写就的文章《战壕》里她就曾这样袒露心声：

> 我生平认为最幸福的一件事，就是我有思想新颖的父亲，他今年七十二岁了，但她的时代思想革命精神却不减于我们青年人。所以我能得今日这样的生活，都是了解我认识我相信我的父亲之赏赐……

诚然，有这样一个如此疼爱她，并且事事都为她考虑周全的父亲，在那样一个时代里，石评梅是无上幸运的。如果没有像石铭这样一个好父亲，也许关于石评梅命运的所有一切都将要重新改写。命运无常，世事难测，谁知道呢？

年华静寂，岁月如风，石评梅的成长，于父亲石铭而言，是生活赐予他最美好的馈赠。

生命无常，祸兮福兮，举家太原的变迁，于石评梅而言，是命运带给她最惊喜的冒险。

附小轶事

太原城的一切都是新的，新的街市，新的面貌，新的思想。

虽然平定也是一座古城，可在气度上到底与作为山西首府的太原有很大的悬殊。

于石评梅一家而言，太原是他们新生活开始的地方，父亲石铭在这里投入新式教育的事业中，石评梅在这里进入了女子学堂。

石评梅喜欢太原，也喜欢太原附小，来到这里是她的缘分，而人生的因缘际会，有很大一部分都是缘分使然。太原附小，即太原女子师范附属小学，在当时的太原很有些名气。

辛亥革命后，太原的社会风气虽然逐渐开化，但是封建思想还是在社会上有着极大的影响力。在"男女授受不亲"的封建思想影响下，太原也和全国其他的地方一样实行男女分校教育。尽管如此，在当时的环境下，女子能够和男儿一样进入学堂光明正大地学习，已经是很难得的事。

石评梅天性活泼，在家时也曾随父亲学习，因而融入学校生活，于她而言，是一件轻松而又快乐的事情。在学校里石评梅乐于结交朋友，与自己的同学相处极为融洽。

因为早早地学习过很多古文经典，又加上天性好学，石评梅在学校学习得很是努力，成绩自然也比一般的同学要好。

在几门功课中,石评梅最喜欢也最擅长的便是国文课。

在国文课上学习的许多课文,石评梅也曾在父亲的指导下学习过一些,当时她就很感兴趣,现今在课堂上再次接触到这些文章,她自然欢喜异常,学习起来也就格外卖力了。

除了白天在学校跟着老师学习功课,回到家里,父亲只要有空,也仍旧不忘教石评梅读书写字,那时她对四书五经等古文经典早已是分外熟悉。

天道酬勤,再加上自幼天资聪颖,石评梅的国文根底日渐深厚,国文成绩在班上也总是名列前茅。

与在平定老家的生活相比,太原的生活实在是要丰富有趣的多,而且这里的风气较为开化,思想较为开放,石评梅在这里的成长显得更加无忧无虑,自由自在。

父亲石铭在这里专注于新式教育,希望将自己的一腔抱负挥洒在这改革浪潮的朝阳晨景里,虽然也会受挫,但是内心还是欢喜多于忧愁。母亲李氏是没有所谓的,丈夫和女儿在哪里,哪里就是她的家,所以她也随着父女俩安然地过着小家庭的快乐时光。

石铭一家住在太原城的街市里巷里,在靠近太原城的繁华中,又远离了当街临路的吵嚷,环境清幽,适宜居住,也方便父女俩的读书学习。

每天清晨,石评梅背着书包早早地去上学,比起别的早起上学的孩子,她显得要开心许多。

上学路程不远,慢悠悠地在清晨还不算拥挤的街道上晃荡,看看天空,看看街景,想着今天又可以看新的文章,学新的知识,石评梅就觉得很开心,也很满足。

在学校里,石评梅在课堂上表现积极,成绩优秀,老师自然很喜欢她，因为石评梅乐于交往，且总是愿意帮助自己的同学，所以她与学校里的同学关系都很好。因而对于上学这件事，石评梅是打心底里喜欢的。每天从学校回到家里，母亲早已做好饭菜在等着她和父亲，一家人和和乐乐，就算是简单的饭菜也在这家人相聚的欢乐里胜过了任何的美味佳肴、山珍海味。

吃过晚饭，做完功课后，石评梅会在院子里或者离家不远的马路上去玩耍，黄昏落日或者夜幕初降的时候，总是可以看到石评梅奔跑的身影。

大多时候，石评梅会依偎在母亲身旁，听她讲故事，或者帮她做一些家务小杂事。

父亲石铭有空闲的时候，也会教石评梅读书写字；在书本里神游消遣，是父女俩共同的乐事。

读书、写字、上学、玩耍，三年的附小时光就在这童年的乐事里悄然流逝，没有一些声响，但见丝丝痕迹。这一段欢乐无虞的日子在石评梅短暂的生命里尤其宝贵，她在以后的时光里也经常回忆起附小时期这个天真烂漫的自己。然而，此时的石评梅并不知道这样全心全意的快乐，于未来的自己来说，将会是何等的不容易。

其实，石评梅在太原附小学习的最后一段日子过得实在是不轻松，因为她将要面对升学考试的巨大压力。虽然平时在学习上就格外用心，成绩也很优秀，但是升学考试事关前途命运，石评梅为此也很是担心。

因而，石评梅学习起来就更加努力，课堂学习之外，她总是会抽出玩耍的时间去复习功课。因为石评梅的成绩在班上一直名列前茅,再加上她又努力上进,她的老师们都很喜欢这个灵巧聪颖的学生,课外之余,有时也会私下指导她,让她的学习成绩越来越好,也让她对即将到来的升学考试有了十足的信心。

石评梅的父亲建议她报考太原女子师范学校,石评梅本人也很向往这所学校,决心报考。

太原女子师范学校在太原乃至整个山西省内都很有名气,当时想要报考这所学校的人非常多,竞争尤其激烈。石评梅的父亲相信自己的女儿有这个实力,复习充分的石评梅也对这次升学考试充满了期待,觉得胜券早已在握。

就像石评梅和父亲石铭所期待的那样,一切本该是顺顺利利的,然而最后的升学考试还是发生了一个不大不小的转折。

关于石评梅经历的这段考试风波,据说在《石评梅之歌》中对此有所记录(选自孙祥栋所著《石评梅之歌》,1992年北岳文艺出版社出版)。

升学考试的这天,石评梅在父母殷切的注视下满怀信心地走进考场,她和父母一样坚信考试于她而言只是牛刀小试,压力也早已在学习中化作了无尽的动力。

胸中有丘壑,肚里有文章,她似乎没有理由去担心任何其他。

然而,有时候,命运要开玩笑,就算你做好了万全准备也是徒劳。

石评梅走进考场找到自己的座位坐下来,安静地等待着考试正式开始的那一刻。

在石评梅的期待中,试卷递到了她的手中,然而一看到考试的作文题目,她的眉头就不自禁地皱了起来。不是因为作文题目有多么刁钻古怪，而是因为作文的题目迂腐得让她难以下笔。"女子无才便是德"，这是在封建时代经常听到的长辈们教育女子的古训，跟石评梅同时代的很多女子可能听到过甚至也有被要求这样做的，但石评梅从来没有听到父亲对自己这样说过，她本人也难以对这句古训有丝毫的苟同。

现而今，看到这样满含着腐旧思想的作文题目，平日里那个倚马千言、才思敏捷的石评梅开始犯愁了，不写的话是为难自己，写的话也是为难自己，总之是左右都会为难。

就在这时，石评梅忽然想起自己曾经读过近代著名诗人柳亚子的《哀女界》，其中他就曾基于男女在社会上的地位区别，以及女子被封建礼教束缚甚至扼杀的惨烈现状进行了悲愤地指责和痛斥：

> 莽莽尘球，芸芸万类，中有一怪物也，颅一而肢四，自翘于动植间，无以名之，名之曰人，曰人。人也者，其天之骄子乎？虽然，弱肉强食之丑态，吾未见其愈于禽兽也。以蟪蛄朝菌之数十寒暑，梦梦以生，梦梦以死，又梦梦以有竞争，梦梦以有压制。甲为压制者，即乙为被压制者，未必甲为正而乙为负也。目论之士欲自文其种性之劣，则造为优胜劣败之谈，掩耳盗铃，夫复何益。夫华严天国之不能以梦见，而五浊人世长此终古，则必有受其弊者。独罗瑟女士之言曰："万物并育而不相害，何事罪恶，而乃组织不平等之世界。"傅萼纱德夫人之言曰："女子者，文明之母也，凡处女子于万重压制之下，教成其奴隶根性既深，则全国民皆奴隶之分子而已。大抵女权不昌之国，其邻于亡也近。"何其言之有

隐痛也。阳当扶而阴当抑，男当尊而女当卑，则不平等之毒、压制之毒顺风扬波，必将以女界为尾闾矣。吾哀众生，吾又哀女界。

石评梅清楚地记得柳亚子先生文中满含激愤却又无比恳切的言辞，看着自己面前的这张试卷，她不由得一阵感慨。

经过一番艰难的思想斗争，石评梅终于决定落笔答题了，不过她不打算顺着作文题目的意思来附庸封建旧思想，她要写文驳斥，反其道而行。

父亲石铭从石评梅年幼时就开始引导她学习各种古文经典，为了让她有机会读书更是不惜背井离乡，举家太原，她知道父亲才是对的，女子有受教的权利，更有受教的必要。

男女本没有主次之分，只是女子被封建礼教的成见日渐贬低了，作为女子当反思抗争，断然没有顺应程朱理学之旧礼来束缚自己的道理。

石评梅作为一个自幼饱读诗书且有机会接受了新式教育的女子，对这样腐朽的言论自然是十分反感的，就这样，性格刚烈不屈的石评梅抱着失学的风险，写了一篇痛快淋漓的反驳文章来表明自己的观点和立场。

整篇文章洋洋洒洒、一气呵成，各种史实典故被她熟练而精准地用来佐证自己的观点，令人不得不心生叹服，尤其是其文末的最后一段诘问，句句切中肯綮，掷地有声，豪气非凡

故堂堂女界学府，集良淑之精华，竟然点此小题，是启以女子振兴耶？是欲使晋城女子皆倒笔罢试归里，甘做那炉

边、炕边、磨边之生涯，评梅未察其情，斗胆冒问大人，此举意欲何为焉？

考试结束后，石评梅已经做好了最坏的打算，虽然为此心情有些失落，但她并不后悔自己的决定。父母得知考试详情后，也很为自己的女儿担心。

毕竟这样一篇出格的文章，不论如何文采飞扬，在与出题老师立意相悖且言辞激烈的情况下，按常理推论，不仅没有得高分的可能，而且很有可能因此惹上一些麻烦。

"塞翁失马焉知非福"，令石评梅万万没有想到的是，阅卷老师陈锡康在看了她的"另类"作文后，不但没有生气，反而对这篇文章大为赞赏，对兼具才气和胆识的石评梅更是青睐有加。没过几天，陈锡康将石评梅叫到了自己的办公室里，看着眼前这个文弱秀气的小女子，陈锡康不禁惊诧她与自己想象中应有的粗犷模样竟是如此不同。

在与石评梅的谈话中，他更是被她的机智和才思所打动，所有的猜想都超过了预期，陈锡康不由得对石评梅另眼相看。

为此，陈锡康破格给了石评梅很高的分数，成绩本就十分优秀的石评梅凭借国文的十足优势而一跃成了第一名，考中了太原女子师范学校的公费名额，不仅不用缴纳学费，还可以免费享有学校提供的食宿。

因为石评梅在升学考试中的优异表现，再加上她在国文考试中的大胆质疑，很多人借此都认识了她，一时间，她升学考试的事迹被传为美谈。

还未正式踏入太原女子师范学校的大门，石评梅的大名就在师生间传开了,很快她变成了太原城小有名气的一个人物。

对于命运突来的这种喜剧转变,石评梅预先完全没有料到,她的父母对此更是喜出望外。

当然,没有伯乐,就不会有千里马,石评梅很感谢老师陈锡康的赏识,也对他的大度提携很是感恩。

石评梅知道,自己未来只有更加努力地学习,才对得起陈锡康老师的这一片真心,也才对得起父母的这一番苦心。

人生的奇妙就藏在这猜不透的运命和说不清的缘分之中,做好自己分内的一切,你无需再去忧虑任何别的事情,因为杞人忧天也是无可奈何,还不如静观其变。

惊喜并不是常常发生,但是当它到来时,记得微笑,并感谢曾经那个执着而努力的自己吧!

就像石评梅一样,在这意外的喜悦中,就算突然被幸福冲昏头脑,也不要忘了继续前行,毕竟,人生的路还那么长!

女师才女

季节与季节的更迭，就像人事的交替一般，规律恒定，却又在不声不响悄然变换，让人后知后觉。初秋的太原城有了些微的凉意，日头也不再那么火辣，天气适宜，连心情都会随之变得舒畅。在家里安然闲适地度过了一个暑假，石评梅收拾好行装，准备去新学校报到了。

太原女子师范学校实行的是封闭式的管理模式，全校所有的学生都要求在学校住读，只有定期放假时才能回家。

石评梅在父亲和母亲的陪送下来到这所自己向往已久的中学，学校的规模不大，但石评梅并不在意，她只在乎在这里能学到更多的新的知识。

因而，虽然马上就要跟平日里朝夕相处的父母分别，但石评梅也没有为此伤心落泪，因为她知道父母对她的期望，也知道自己除了努力学习，再没有其他的方式能够让父母开心的了。相比起来，反倒是石评梅的父母更加舍不得自己的女儿，两个人好不容易盼来的一个女儿，天天都是捧在掌心里来疼爱的，突然的分别对石铭夫妇来说很是难受。

然而，为了女儿的前途和未来，夫妻两个人还是强撑着笑脸与女儿挥手说了再见。

父母走后，石评梅整理好自己的衣物床铺，便出门去逛校园，新鲜的环境让她充满了好奇。太原女子师范学校由两层大院构建而成，从"礼门"穿过"义道"后便到了"礼堂"，虽说是新式学校，却也没有完全从封建礼教的阴影中脱身而出。

当时太原女子师范学校的校长是刘钰，年轻时曾留学日本，接受了西方思想的洗礼，颇具改革精神，回国后有志于在国内发展新式教育，遂进入太原女子师范学校任校长一职。

在刘钰的指导下，太原女子师范学校的教育水平有了明显的改善和进步，只是囿于传统思想的束缚，在一些具体举措上仍然捉襟见肘。

石评梅早就听说过校长的大名，记得还是同样从事教育事业的父亲告诉她的，如今身在这所校园里，石评梅知道它并不完美，但是也仍然对当下的一切感到由衷的满足。

进入太原女子师范学校后，石评梅在学习上更加努力，因为她深知这里是个卧虎藏龙的地方，人外有人，天外有天。

虽然在升学考试中她名列第一，但是石评梅深知如果不勤奋学习，自己依然有可能落于人后。

一向要强的石评梅当然不愿意在学习上有所懈怠，因而除了在课堂上努力学习外，课外她也依然毫不放松。每天晚上宿舍熄灯就寝后，石评梅还会偷偷地点一个小灯来看书学习，以古人焚膏继晷之志来要求自己，几乎每晚都坚持如此，少有间断。

后来，石评梅在学校有幸认识一位财政厅究员的千金高新铭，两人性情相投，很是友好。高家寓所旁有一个"万源书店"，书的种类繁多，还可以外租借看，高新铭放假回家后经常光顾这里。和石评梅一样，高新铭也喜欢看书，每每从书店租了书回到学校就邀石评梅一起看。

有时候，石评梅也会从高新铭那里把书借来晚上看，因为就寝过后是不允许单独点灯的，石评梅为了看书只好掩人耳目，用自己的棉被将窗户蒙上，然后独自看书到深夜。

因为行事谨慎，石评梅每晚的秉烛夜读并没有被学监发现，久而久之，她也开始放松了警惕。

一天晚上，她从高新铭那儿借来了《老残游记》，当看到老残在趵突泉游玩所看到的怡人美景时，她被那"四面荷花三面柳，一城山色半城湖"的描绘给迷住了，竟然情不自禁地跟着朗声念了出来。没想到，就是这几句朗读声竟然把学监给惊动了，深夜偷读的事情便只好就此作罢。

凭借聪颖的天资和刻苦的学习，石评梅不仅在学识和思想上都有了长足的进步，就是文学创作上也才能渐显，她的《桃园记》和《介子推》两篇文章才思敏捷、辞藻华丽，在学校举行的文章博览会上得到评委老师的一致好评，最终被推选为第一名。

自此，石评梅在学校的名气就传播开来，众所周知，成了大家公认的才女。

在学生公共事务上，石评梅也非常热心，并且很有才干，每逢学校里开会，她总是主持一切的积极分子。石评梅喜欢音乐，在家时曾学习弹过风琴，而且弹得非常好，学校里有活动举行时自然也少不了她的弹奏。石评梅在各个方面都表现得很突出，同学们都很喜欢她，她也由此成了太原女子师范学校风行一时的人物。

如果说在太原附小的石评梅历经了人生的第一次飞跃，那么她在女子师范学校的改变可以说是脱胎换骨。在这里，她不仅在才学上有了显著的提高，而且在思想上也越来越进步了。

除了看一些经典文学书籍，石评梅还经常看当下最流行的杂志书刊，《新青年》、《每周评论》等进步刊物都是她在学校里经常的读物。像那个时代的所有进步青年一样，石评梅也在通过学习这些进步的文章来充实自己的思想，让自己跟随那些时代的弄潮儿们一起进步，一起成长。

现在的石评梅早已不是当初的石评梅了，丰厚的知识和进步的思想成就了另一个全新的她，美丽大方，自信热情，谈吐儒雅，举手投足之间自有一种与众不同的风骨和气质。

从家乡小河村到太原城的这一段历程，让石评梅的人生有了显著的不同，石铭看着女儿的这些变化，很欣慰自己当时做了正确的决定。

寒假的时候，石评梅随父母一起回到了自己的家乡小河村，阔别已久，再一次看到家乡久违却又熟悉的风物，她的内心满是雀跃和激动。乡亲们听说他们一家回来了，也不由得想来看看，凑一凑热闹。

几年的省城生活已让石评梅从外貌到穿着都有了显著的变化，街坊邻居们看着穿一身大衣，围着长围巾的石评梅，简直有些被惊到。这样新潮的西式打扮在小河村这样封闭的小城是很少见的，石评梅算是勇于尝试的第一人。因为见识短浅，村里难免会有人对此指指点点，但是石评梅对此毫不在意，仍旧我行我素，大大方方地做着自己喜欢的事，享受着这难得自由的惬意时光。

回到家不久，石评梅就想到了自己儿时的小伙伴们，尤其是与自己向来形影不离的好友张金荷。她记得以前在家时,她总是和她在一起玩耍,每逢下雨的时候,她们总是会在院子里玩"扫晴娘"的游戏,口里还念念有词地说道:"天灵灵,地灵灵,扫帚一到扫乌云;龙王龙王快听话,收回雨兵天放晴。"

虽然现在想来,儿时有太多的幼稚,但是回忆起来却总是令人忍俊不禁,心情都不由得愉悦起来。

石评梅最爱小河村的冬天,漫天飞舞的雪花,和凌雪怒放的梅花,是她每年冬天最期待看到的美景。除此之外,另一件令石评梅期待的事,便是迎接新年的到来了。

恰逢年关时节,平定城的大雪便纷然而至,家家户户在这洁白的布景里也开始准备着过年的种种果品、糕点和佳肴美食。

石家的厨房向来是母亲和嫂子的天地,她们在这方面是行家里手,除夕的盛宴总是被她们安排得丰盛而又妥当。石评梅在厨房里帮不上忙,就帮着父亲写对联,在这件事上,她和父亲有着共同的爱好,也有着相当的审美取向。

父亲知道石评梅的才学和书法已经有了很大的进步,所以总是将大多数的春联交给她去写,石评梅也乐于借此让父亲检验自己的平日所学,因而也就爽快地应承下来了。

因为给自家的春联写得好,邻居乡亲们知道后,也纷纷上门求石评梅为他们写春联。

石评梅在家闲着也无事,因而对于找她求春联的乡亲们,都一律来者不拒。她不仅免费帮他们写春联,而且还会根据每个人的不同需要写出不同内容的春联,不仅格式规整,而且新意迭出,才思敏捷。

久而久之,石评梅所写的春联在小河村都渐渐地小有名气,村里的人也不再那么抗拒石评梅了,甚至为她的学识所倾倒,慢慢地也开始喜欢这个不同凡响的女学生了。

撇开这些误会和偏见,小河村的人还是淳朴可爱的,石评梅在家乡的日子,也因为他们的点缀和参与,而变得格外有趣。

石评梅很喜欢春节,尤其是家人团聚的除夕之夜,在这个大团圆的节日里,一家人和和乐乐地围坐一桌,吃着饺子,说说笑笑,是一种难得的幸福。

此时家人团聚的欢乐,在往后的时光里,石评梅越难以再体会到。

其后有好几年她独自一人在北京,春节时也没能回家,她为此难过不已,还写了《爆竹声中的除夕》来纾解心中的失落和愁绪:

> 这时候是一个最令人缭乱不安的环境,一切都在欢动中颤摇着。离人的心上是深深地厚厚地罩着一层乡愁,无论如何不想家的人,或者简直无家可想的人,他都要猛然感到悲怆,像惊醒一个梦似的叹息着。
>
> 在这雪后晴朗的燕市,自然不少漂泊到此的旅客游子,当爆竹声彻夜地在空中振动时,你们心上能不随着它爆发,随着它陨落吗?这时的心怕要和爆竹一样的爆发出满天的星火。而落下时又是多么狼藉零乱,碎成一片一片地散到地上。

爱热闹的石评梅此时并不知道自己今后还要一个人落入这样的孤单,要是知道的话,她一定会更加珍惜此时此刻的幸福。然而,生活的魅力就在于它的不可预知,无论如何,把握好当下才是最好的选择。石评梅如是，我们后来者亦当如是！

对于知识，对于未来，石评梅向来有自己的主意，她想要去实现的事情，她就一定会全力以赴。

而有些追寻本来就是孤单的，得其一就必然要舍其一，就如家人的陪伴和远方的未来一样，驻足停留还是迈步向前，都将是漫漫人生路上不可回避的抉择。

学潮风波

辛亥革命后不久，袁世凯就凭借政权阴谋篡夺了革命的胜利果实，并在全国大肆推行尊孔复古的逆流，企图恢复帝制。1913年，"宋教仁"案发生以后，孙中山发起"二次革命"讨伐袁世凯，但由于敌强我弱而迅速失败。

自此，袁世凯更加肆无忌惮，势焰也比以前更甚，并于1915年在北京宣布接受帝制，预备称帝。同年12月，为了声讨袁世凯，蔡锷首先响应孙中山策划的"护国运动"，在云南宣布独立，反对帝制。随后，贵州、广西、广州等多省也宣告独立，"护国运动"得到各地声援，迅速在全国各地蔓延展开。袁世凯迫于压力，于1916年3月22日宣布取消帝制，不久便郁郁而终。

袁世凯死后，各派军阀群龙无首，迅速土崩瓦解，各派军阀划定势力范围，各自称霸一方。

此时也正值第一次世界大战时期，中国迅速被卷入其中，西方列强也趁此加紧入侵中国。在帝国主义的操控下，各派军阀之间常年混战，国内战乱不断、民不聊生。

孙中山在1918年的护法战争失败后，心灰意冷，愤而辞职，国内前景一片灰暗。

石评梅经常听父亲提起孙中山先生，知道他是救国救民的领袖人物，因而一直十分敬仰孙中山先生。

就在1912年9月，孙中山应山西都督阎锡山的邀请，曾到山西来访问过。

石评梅虽然没能亲眼看见孙中山本人，但是一想到这位革命领袖曾经离她如此之近，内心还是会因此而激动不已。

来到太原以后，石评梅看了很多进步书刊，也从父亲那里得到了不少启发，因而在思想上进步得很快。看到社会的前景如此糟糕，石评梅就想起了孙中山先生，她想跟随他的脚步，为国家为社会做出一些应有的贡献。

然而，天天被关闭在学校内，石评梅就算想有所作为，也只是无可奈何。

抱着一颗拳拳热血之心，却报国无门，这种心情实在不好受，在石评梅后来所写的文章《无穷红艳烟尘里》确也可以窥见她情绪的一斑：

有时我是会忘记的。当我在一群天真烂漫的小姑娘中间，悄悄地看她们的舞态，听他们的笑声，对我像一个不知道人情世故的人，更不知道世界上还有许多不幸和罪恶。当我在杨柳岸，伫立着听足下的泉声，残月孤星照着我的眉目，晚风吹拂着我的衣裙，把一颗平静的心，放在水面月光上时，我也许可以忘掉我的愁苦，和这世界的愁苦。

常想钻在象牙塔里，不要伸出头来，安稳甘甜的做那痴迷恍惚的梦；但是有时象牙塔也会爆裂的，终于负了满身创伤掷我于十字街头，令我目睹着一切而惊心落魄！这时花也许开得正鲜艳，草也许生得很青翠，潮水碧油油的，山色绿匆匆的；但是灰尘烟火中，埋葬着无穷娇艳青春的生命。我疲惫的旅客呵！不忍睁眼再看那密布的墨云，风雨欲来时的光景了。

我祷告着，愿意我是个又聋又瞎的哑小孩。

纵然不闻不看不说，石评梅终究还是难以放下心中的宏愿，她素来愿意自己成为一个有所作为的人，又怎么甘愿就这样不闻不问、无动于衷呢？

孙中山先生已经用他的行动在感召和引导着沉睡的国人，石评梅作为后来者，虽然不能像他一样振臂一挥、八方呼应，但是她也想踵武前贤，跟着孙中山的脚印一步一步走向前方，哪怕就是让她上战场，她也是在所不惜的。

1918年，第一次世界大战结束。

1919年，中国作为战胜国出席了巴黎和会，参与讨论战后各国的分配协调事宜。

中国代表在会上提出了几项要求恢复权益的议案均被拒绝，还被要求将山东割让给日本。

就在北洋军阀政府代表准备签订这丧权辱国的不平等条约的时候，中国国内民众听到消息愤而反抗，以北京大学为代表的学生更是因此发起示威游行，"五四"爱国运动由此在全国范围内爆发。不久，太原各校学生召开大会，并决定成立太原市大中学校学生联合会，宣布罢课，进行示威游行，以此来声援北京学生的爱国行动。

石评梅对此早已听闻，一直想有所作为的她，很希望能参与到这次的学生联合运动中。

然而，太原女子师范学校对学生看管森严，平时外出都要登记确认，并还需要家人来接送方可出入校门。太原女子师范的学生即使想要参与到这场运动中，也因为身在校园深处而无计可施。

石评梅和同学曾多次尝试与学监和门房周旋，但是他们无论如何不肯通融，她们也只好铩羽而归。

虽然没有办法从学校出去亲身参加运动，但石评梅也不肯就此罢休，她和身边的几个同学一起商量，决定偷偷油印一些进步的刊物，一方面向校内的同学们介绍外面学生运动的新动向，让同学们及时了解外界时事动态；另一方面也借此向同学们宣扬新的思想，提高大家的思想觉悟，并以此来号召更多的同学参与到这场运动中来。

确定好了方案，石评梅的心中激动不已，她第一次觉得自己的言行在社会上可以产生实际的意义。

很快，石评梅便开始着手准备宣传事宜，没过几天，他们的第一张传单就率先贴到了校长的办公室门上，宣言如下：

> 国家兴亡，匹夫有责。五四运动震惊中外。谁愿渲"商女不知亡国恨，隔江犹唱后庭花"之悲句焉？方今卖国贼肆无忌惮，丧心病狂。千钧一发之际，存亡危急之秋，男子振臂，女子焉能熟视无睹？我校乃堂正女校，理应响应搏战，呼喊之声漫天而来，岂能安心呢喃、轻手展卷而不问此事焉？

太原女子师范学校虽然推崇新式教育，但是在教学思想上还是偏于保守，就连校长刘钰虽然是留学归来的新式人物，但在教学方针上还是严格遵循孔孟之礼。

因而，太原女师的学生大多中规中矩，很少有学生能像石评梅这样，敢于仗义执言、挑战权威的。传单一经贴出，就在校内掀起了不小的波澜，很多同学都被石评梅这铿锵有力的措辞给鼓舞了，因而都开始纷纷站出来帮忙散发传单。

一时间，学校里贴满了各色传单，许多同学都暗自加入了这场学潮运动中。

因为这场学潮运动从发起之时就格外引人注目，在进行过程中，声势也颇为壮大，很快就引起了校领导甚至是太原当局的重视。

没过多久，校领导就在官方当局的压力下贴出了禁止的告示："中国女德历代崇重致力修身历读苦心，学府要地力须寂静，堂役杂工均可回避外出穿梭严严，图谋不轨行为欠正扰乱校规立即除名。"

此举一出，很多同学害怕被处罚，原本高昂的热情立马被浇灭了，蔚然成风的学潮运动也迅速被抑制。在这存亡悲秋之时，眼看当局如此漠然，学校如此软弱，石评梅心中又急又气，竟当众将告示牌打了个粉碎。

石评梅公然与校方抗争，虽然大快人心，但是很多同学在敬佩欣喜之余，还是不由得为石评梅的前途未来担忧起来。此时石评梅心中只想着为国家独立、民族振兴尽一份自己的心力，根本无暇顾及自身安危，因而对于自己破坏告示牌的行为也凛凛然毫无畏惧。

该来的事总归是要来的。

果然，第二天，校方就在全校贴出了告示，声言将公然闹事者石评梅开除。

消息一经传出，全校哗然，许多同学都为石评梅感到不平。

只有石评梅一个人安静地坐在寝室里，她早已从同学那里知道了消息，此时的她没有眼泪，也没有后悔自己的所作所为，她只是感到寒心，对自己的学校感到失望。

在这样毫无担当和责任感的学校里学习，石评梅感觉不到丝毫的骄傲，也觉得没有继续待下去的必要，只是想到年迈的父母对她的莫大期望，她就有些伤心了。

无论结果怎样，石评梅觉得自己无愧于任何人，唯一让她觉得有所抱愧的是她的父母。

石评梅深知父母双亲对自己的良苦用心，也知道他们希望她能改写女子的命运，未来能有所成就，也能有更好的生活。

然而，她知道自己没有错，也相信父母会理解她，原谅她。

事已至此，她不再去考虑许多，只是静静地收拾着自己的东西，只希望能早点离开这里。

石评梅平日在太原女师很有些名气，她不仅满腹才情，而且在学生公共事务上很有才干和号召力，平日里她和同学们相处得极为融洽，丝毫没有一点名人的架子。

因而，同学们都很喜欢她，她在学校里也一直备受拥护。

听说石评梅被学校开除后，很多同学都为她抱不平，一时间，学校里到处都在议论这件事情，同学们先前积累的愤怒情绪也因此渐渐高涨起来。

不仅是校内，就连校外的一些学生和社会人士都在听闻了太原女师的学潮事件后，开始为石评梅积极奔走声援，校园内外也贴满诸如"中国女子起来替石评梅鸣不平"之类的传单通告。

以往静谧平和的女师校内也不再平静，同学们对校方的态度和一些做法早就心存不满。

学潮事件爆发后，原本一心只读圣贤书的学生们开始觉醒了，在轰轰烈烈的"五四"爱国运动中，他们的思想觉悟也进一步提高了，因而，女师校内的同学为了反对校方开除石评梅而公然与之进行抗争。不仅有师生为力挺石评梅而在课堂上进行罢课，也有许多同学在课间高歌齐喊各种声援的口号，还有些老师更是带着学生亲自去为石评梅求情，场面十分壮观。

当此之时，"五四"爱国运动已在全国轰轰烈烈地展开，不仅得到全国各地学生的热烈响应，也得到工商界人士的热情支持。

一时间，在全国范围内，学生罢课举行示威游行，商人罢市，工人罢工，蔚为大观。

形势的发展和舆论的压力，迫使政府当局不得不就此让步妥协；政府答应惩办卖国贼，并拒绝在不平等条约上签字，很多因游行被捕的学生也很快被释放了。

在此种形势下，山西政府不得不转变态度，开始安抚各地学生，对闹事学生不再予以追究。太原女子师范的校长爱惜石评梅的才学，遂趁机向山西省长阎锡山求情，石评梅才得以恢复学籍。

经历过学潮风波以后，石评梅并没有就此放弃自己原本的志向，因为她害怕的不是让自己深陷困境，而是找不到为社会为大众贡献一己之力的出路。

虽然差点被学校开除，但是她并不后悔自己成了第一个吃螃蟹的人，反而庆幸自己能够在这样危急的时刻挺身而出，有所作为。

石评梅的父亲深知自己的女儿天性刚直不阿，在很大程度上也是随了他的缘故，因而石评梅做出这样的举动，他并不觉得惊奇，也没有因此怪罪她。

虽然不想让自己的女儿处于风口浪尖，但是石铭知道石评梅的个性，也知道她素来的志向，所以也没有对她干涉过多。相反，作为一个父亲，他为自己能有这样一个比男子还要勇敢的女儿而感到欣慰，感到无比的自豪。

父母对孩子的影响不是决定性的，但是在某种程度上，父母的想法却可以左右孩子的选择。

正是因为有这样一个通情达理而又思想开明的父亲，石评梅才得以成长为现在的模样，在她以后的人生中，她才能够勇敢无畏地去做自己想做的任何事情。

第二章
人生若只如初见

离家赴京

学潮风波过后,石评梅在太原女子师范学校度过了一段较为平静的校园时光。

1919年,石评梅顺利从太原女子师范学校毕业,这一年她17岁。

父亲石铭当初搬到太原城的初衷主要是为了女儿的教育问题,现在石评梅已经中学毕业,加上石铭的年纪也大了,他也很想解甲归田,享些田园之乐。

因而,是年底,石铭就辞去了省城的教职,带着一家人返回故里。

石家花园依旧,花草繁茂,老墙仍在,只待主人一家归来为它们增添生气。

回到老家,父亲石铭自是神清气爽,他老了,是时候该享受天伦之乐了。

母亲仍旧为了家事操劳,不管是在太原还是在平定老家,她总是忙碌着的。看着已经逐日老去的父母双亲,石评梅的心里百感交集,同时也伴着异常矛盾的心情。

她不想就这样徒然地在家消磨时光,她想继续求学,七八年的学校教育让她有了更多的能力和智慧来给自己选择更好的未来，她不能就这样白白浪费。

然而，一想到父母年纪都大了，需要她的照顾，更需要她的陪伴，她便犹豫了。

虽然石评梅还有个哥哥，但也总是常年在外，她要是离开，父亲和母亲就真的是毫无依靠了。

石评梅深知，父亲很是疼爱她，母亲也只有她这一个女儿，哪里就舍得让她离开他们的身边呢！回家已经有些时日了，石评梅每每想开口跟父母说说自己的想法，但每次话到嘴边，她又给生生咽回去了。

在家里闲散多日，再加上心中有许多的愁绪，石评梅每日都心神不安，内心也莫名地有些失落。

她想跟父母谈谈，即便他们不同意也无所谓，但是她却开不了口。

这时候侄女昆林走过来，蹲在她的身旁，一对水汪汪的大眼睛好奇地看着她，像是要在她的脸上看出个究竟来。

石评梅笑笑，伸手捏捏昆林的小脸蛋，昆林脸上的笑容立马就绽开来，原来她是担心姑姑不开心。

石评梅向来都很喜欢昆林，昆林不仅长得可爱，而且也很乖巧，平日里总是喜欢跟在石评梅的后面，姑姑走到哪儿她便跟到哪儿。有时候，石评梅早上起得迟了，小昆林就会上楼来叫她；她总是抱着那只大花猫，轻轻地用猫的小茸脚去碰姑姑的脸，然后笑呵呵地等着姑姑醒来。在这有些苦闷的日子里，昆林的存在确是给了石评梅许多安慰。

小时候，石评梅觉得不开心的时候，常常会去找七祖母。

七祖母是石评梅七祖父的妻子，但她23岁时便守了寡，仅有的一点家业也被族人尽数夺去，只好寄居在石评梅家。

七祖母从小便十分疼爱石评梅，只要是石评梅想要的，她都会尽力满足她，因而石评梅从小就格外地依赖她，视她如自己的第二个母亲。

石评梅在她的文章《一夜》里还曾回忆起自己的七祖母：

> 我生后一月，不幸爱我的祖母便死了。那时母亲也病着，一切料理丧事、看护母亲，都是七祖母，后来我的乳娘走了几天，也是她代理着母亲的职务来抚养我。那时她真把一切的爱都集注在我身上，我的摇篮埋殡着她不可言说的悲痛和泪痕，那时我的浅笑、我的娇态，也许都是她唯一的安慰呢！

现今，七祖母仍健在，石评梅也常常跟她聊天说笑，愿意将最真实的自己袒露在她面前。然而，关于想继续求学的事情，石评梅却一直没有告诉她。

七祖母也老了，石评梅知道她会舍不得，所幸也就不说出来让她难过了。

日子就这样一天天地过着，波澜不惊，却又令石评梅愁肠百结、煎熬不已。

闲居在家，《新青年》《每周评论》等进步书刊，只要有可能，她是期期都会看的。

在那些激昂的文字里，在那些动人的鼓舞里，她仿佛能看到自己想要的未来，她早已坚定了自己想要追求的理想。隔居在这封闭的环境中，石评梅总觉得自己如井底之蛙一般，坐在深井里无法看到外面的天空，但这些进步的新书刊却为她打开了一扇光明的窗子。

也是一个平常的午后，石评梅的父母把她叫到他们的跟前，问她以后的打算。

石评梅没有料到父母亲竟然看穿了自己的心思，虽然内心仍然十分挣扎，但是这一次她还是勇敢地说出了自己的想法。

她想到北京去继续求学，在那片广阔而自由的天空下，她要成就自己帮助他人，这是她渴望已久的梦想。

父亲石铭沉默了一会儿，点点头，让石评梅安心地去北京，说家里的事情还有他顶着。从小到大，父亲总是事事为石评梅考虑周全，凡是她想要去做的事，他都会竭尽全力地支持她。

这一次，仍然不例外。

石评梅不愿离开自己的父母，然而现实和未来却总是在拉扯着她向前，她也必须迈步前进。

家和远方总是互相牵绊，然而既然心向远方，离家的时候就需要鼓足勇气。

当然，石评梅做到了，为了远方，她终于勇敢地迈出了家门，告别了自己的父母，也告别了自己的家乡。无论以前曾觉得北京是多么遥远的存在，但就在出发的这一刻，石评梅忽然觉得它离自己近了，近了！

离家去北京的那一天，石评梅早早地起床收拾好了一切，心情也格外地好。

母亲为她赶制了一身新衣服，豆绿色的麻纱上衣，配上一条元色绸裙，清爽之外又不失靓丽。临走时，她将在太原买的那条雪白的真丝长围巾围在了脖子上，风姿飘逸，清新纯白的色彩愈发衬托出了她的娇美。

母亲噙着眼泪将绣有梅花的一方白手帕递过来，石评梅从母亲手中轻轻地接过手帕，一时间竟也无语凝噎了。

父亲看着时间已不早，才狠下心来催促女儿赶紧上路，石评梅这才恋恋不舍地离去。

那并不长的一条街巷，走了很久仿佛都没有走到尽头。

石评梅不敢再次回头，泪水已经模糊了双眼，更何况，她知道，父母在身后肯定已是泪眼蒙眬。还是不要回头，就这样走下去。

在离别的时刻，不要再让父母如此放心不下吧，石评梅这样想着，脚步也不由得加快了。

因为石评梅是第一次一个人出远门，父亲放心不下，就找了一个老乡和自己的女儿一起，在路上也好有个照应。

原来这个老乡名叫吴天放，是北京大学的学生，现在过完暑假要回学校报到，刚好可以带上石评梅一路同行。

石评梅在车站与吴天放见到了面，然后一起登上了前往北京的正太线火车。火车一路飞驰，这令第一次坐火车的石评梅觉得异常新鲜，沿途的风景也让她无比沉醉。

到了娘子关，火车慢慢减速进站，等火车停稳以后，同行的老乡吴天放邀石评梅下车去透透气，她便欣然同意了。

平时身在其中并不觉得娘子关有什么特别之处，离别之时再来看它，石评梅却忽然领略到了它的壮美。那雄关巍山，那峭壁绝涧，那飞花流水，那苍柏劲松，无一不在向世人展示娘子关的险要地势和绝美景色。

娘子关，又称苇泽关，是"天下第九关"，为战国时期中山国所建长城关口之一。

娘子关之名最早见于金朝诗人元好问的《游承天悬泉》一诗，其中有"娘子关头更奇崛"一句，来称扬娘子关的雄奇之美。

娘子关经历了朝代的更迭和时间的流逝，历时几千年，仍然安稳不动地屹立在山西大地上，不仅是一道坚固不摧的防御保护屏障，而且还由此形成了一道壮丽的景观。

石评梅站在站台上，眺望着这万里秋光、一城山色，心里忽然涌起许多的不舍。

她第一次觉得自己竟是如此的热爱着家乡的一切，就像爱自己的父母一样。娘子关就像是家乡的一道大门，离开了这扇门，她也就真正地离开了自己的家。

一时间，离愁别绪又再次袭上心头，令她难以排解出自己心中的忧伤。

吴天放看石评梅略微低头似有伤心之意，遂劝她进车厢里去，恰好此时火车也在鸣笛准备开动，她也就依依不舍地走回去了。

吴天放坐在石评梅的对面，隔着咫尺的距离，他把她看得分外清楚，也分外仔细。或许，从他看见她的第一眼起，他就无法将眼睛从她的身上移开了。

无论是石评梅的容貌，还是石评梅的打扮，都在他们对视的那一瞬间深深地打动了他。在接下来的接触中，吴天放更是被石评梅不俗的举止和谈吐给倾倒了，生平第一次，他觉得自己的言行思想原来是可以被一个女子这样左右的。

"哦，她的眉毛真好看，弯弯的，细细的，微微蹙起两个极小极小的眉峰。轻颦的双黛，笼罩着朦胧的忧郁的色彩，淡淡的，似有若无，仿佛是烟雨中的远山，显得格外的秀丽，淡雅。"

吴天放静静地注视着，而对面的石评梅不知是真的不晓还是假装不知，在他的凝望中，她却是始终都把头低着。就算偶尔抬起眼睛碰到了吴天放的眼神，石评梅便赶紧移开眼睛看向窗外，脸上却早已是飞霞一片。

石评梅的娇羞之态，让吴天放更加爱惜她了，他觉得眼前的这个女生可爱、纯洁，完全值得他用心去爱、去呵护。

虽然是第一次见面，石评梅对吴天放并不觉得陌生，也丝毫没有觉得有距离感。

吴天放的热忱、爽朗、周到，让她对他放下了应有的戒备。

在这辆已经远离家乡的列车上，坐在对面的吴天放成了石评梅最熟悉的依靠，她并不了解他，然而她却愿意相信他。

有吴天放的陪伴，她觉得很安心。

一切都有他替她照料，她无需有任何其他的忧虑。

生平第一次，石评梅觉得自己竟然可以像依赖父亲一样地去依赖另一个男子，这是一种直觉，或者是一种缘分，又或者是二者兼具。

一路上，吴天放对石评梅都格外照顾，任何事情都替她考虑周到。

吴天放注意到，自从上车以来，她的双眉一直紧蹙着，忧郁的心事一目了然。他知道石评梅第一次离开父母，心中难免忧伤，所以沿途他都在尽量谈一些有趣的话题，来逗她开心。

每当自己风趣的话语将她引得微微一笑时，吴天放就格外开心。为了博她一笑，他做什么都是值得的。

从太原到北京的这一段路程，不长不短，却足以让两颗寂寞的心靠近。

吴天放是那个主动靠近的人，而石评梅没有向前一步，也没有因此后退。

他们之间的距离，是在他一步又一步的努力中悄然拉近的。

就算她站在原地，他也依然会大步向前，给她面对面的勇气。

在一个晴朗的天气里，火车到达北京，伴着一声声长鸣的提醒，让石评梅又惊又喜。

石评梅第一次亲眼看到在梦里梦了千百回的北京，人群熙攘，商铺林立，严整中不失朝气，恢宏中又不显冷清，一派欣欣向荣、万物更生的景象。

人力车载着石评梅在北京繁荣而热闹的街巷中穿行，她的眼睛因为一直处于忙乱中而有些眼花缭乱。北京到底是大都会，经历了无数朝代的变迁，不仅历史久远，而且也繁华依旧。

石评梅在吴天放的陪同下找到了住处，待一切安顿好后，吴天放才有些不舍地离开。

当然，分别只是暂时的，吴天放既然受了石评梅父亲的嘱托，以后他就可以有无数个理由来看她。石评梅虽然习惯了吴天放的陪伴和照顾，然而北京的一切新事物都令她好奇，她在惊喜之中也没有多余的心思去感伤离别。

将自己带来的行李整理好后，石评梅坐在床上，想到自己现在竟然真的身在北京就觉得是一件不可思议的事。以前还没到北京来的时候，她在家天天梦见自己在赶往北京的路上，可是每一次从梦中醒来，她才知道原来一切都不是真的。那种失落一次又一次，让她满心的热望都渐渐地冷却了。就在石评梅以为自己这缥缈的希望就要落空时，忽然有一天就真的来到北京了，这种失而复得的心情，她现在算是能真切体会到了。

从自幼熟悉的家乡来到这陌生的城市，石评梅早已抛却了来京路上的阴霾和忧伤，内心里满是雀跃和希望。这是北京，是她渴望已久的北京，在这里，有许多未知，也有太多可能；在这里，她可以被包容，也可以被创造。

石评梅希望在这里闯出一片属于她自己的新天地，她也希望从这里起航，驶向她想要找寻的那个人生彼岸。

在遥远的山西故乡，有年老的父母日夜祈盼，只愿身在异乡的孤女能够学有所成、得偿所愿。石评梅知道家中的父母对自己深深的牵挂，她也无时无刻不在思念着他们，此刻只身在北京，这种想念就更加浓烈。

然而，她并不因此而沮丧落寞，反而因为这份亲情的牵念，让她更加坚定了自己来京的志向；她知道自己唯有好好读书，将来才可以有所成就，也方能不辜负父母的一片苦心。

遥看京华烟云，近观古城人事，身在北京的每一天，对于石评梅而言都是新开始，新征程。

遇见什么，错过什么，都是她自己的决定；

得到什么，失去什么，亦是她个人的运命。

如果说，人的生命里真的有什么注定的话，那么北京一定是石评梅人生途中的必经之地，因为这里有太多的故事等着她去经历、去完成。

报考师大

北京的 9 月是爽朗的,天高云淡,不经意的秋风中,树叶也悄悄地变了颜色,红得耀眼。石评梅忘不了家乡的天空,然而也不由得喜欢上了北京的天空。

9 月的蓝天是纯净澄澈的,除了白云的点缀,那蓝色仿佛是没有一丝杂质的。

看着这样的蓝天,石评梅的心情也好得不得了。

在住所里休息了两天,石评梅已经完全从旅途的劳顿中舒缓过来,因而她也就走出寓所来,开始打听报考的事宜。

在去北京之前,石评梅早已经决定要报考北京大学或者清华大学,这两所高校在那时就已经是全国数一数二的高等学府。

石评梅在学校的成绩一贯优异,加之在学习上她从来都是要力争上游的,因而在考虑报考的学校时,她就将自己的目标定在了最高的地方。

不巧的是,来到北京以后,石评梅才知道,这两所高校当时都不招收女生,所以她就只能另做选择。北京女子高等师范学校虽然之前并没在石评梅的考虑范围内,但北师仍然是相当不错的选择,经过一番考虑,她决定先去学校探探情况,因而出门就直奔石驸马大街（今新文化街）去了。北京女子高等师范学校，前身是京师女子师范学堂，于光绪年间建于石驸马大街斗公府旧址，民国成立后，遂改为北京女子高等师范学校，当时在北京乃至全国都很有名气。

来到北京女子高等师范学校一打听，石评梅才知道，北师的国文系这一年并没有招收新生的计划。如果想要报考北京女子高等师范学校，她就只能选择其理科类的相应专业。

然而，石评梅的理科成绩远远没有文科成绩好，如果以理科生的身份进行报考，她能通过考试的几率并不是很大。

石评梅不是不愿尝试报考北京女子高等师范学校的理科，只是不愿意将所有的希望都押在一件本没有多少胜算的事情上，因而她不想轻易冒险。

然而，报考期限在即，石评梅本来已在家耽误了一些日子，如果再多做犹豫，她就只能错过今年的机会了。

好不容易才千里迢迢地从家里来到北京，如果就这样无功而返，她不知道自己以后是否还有机会再次来到北京。更何况，青春易逝，年华倏忽，石评梅知道自己没有那么多的年少时光可以被用来浪费和虚度。

就在石评梅左右为难、进退维谷的时候，她听说北京女子高等师范学校的体育系在招收新生。

石评梅本来觉得自己此次报考北师的希望已经很渺茫，现在忽然听到这样的消息，她就不由得心动了，决心去报考体育系。

石评梅本来是去碰运气的，并没有料到自己真的会被录取，然而有时候"柳暗花明"恰恰就在"又一村"后；"失之东隅收之桑榆"，上天总算还是眷顾石评梅的，没有让她落入四面楚歌的狼狈境地。

石评梅生来瘦弱，怎么看都不像是学体育的人，然而有时候天分和运气就是那么奇妙的东西。

其实，在太原附小学习的时候，石评梅就已经开始上体育课了，而且对于这门新式的课程，她也很有兴趣。

每次上体育课，石评梅都格外开心，因而在课上做各项运动时，她也总是异常的活跃。在从太原附小进入太原女子师范学校的升学考试中，石评梅的体育成绩在自己的班上当时也是遥遥领先的。石评梅与体育的缘分，似乎早就暗自潜伏着，只等未来她用自己的故事来证明。

北京女子高等师范学校的体育专业是在石评梅报考的前一年增设的新专业，因为一些体例还不太成熟，因而石评梅报考时的竞争压力也会小一些。

北师的入门考试分为文化课和体育课的几项测验，石评梅对于文化课考试是胜券在握的，只是在体育考试上一筹莫展。

吴天放知道情况后，便竭尽全力地帮助石评梅备考，他帮石评梅找到北京女子高等师范学校上一届的学生，通过学姐的悉心指导，石评梅在即将考试的几门体育项目中还是受益颇多。因为有同门师姐的得力提携，再加上在体育上自有的天分，石评梅最终顺利地通过了北师的入门考试，成了该校的一名体育生。

虽然说报考体育系是石评梅的无奈之举，然而这却并不是她违心的选择。

体育作为一名新式的教育课程，在很多学校都没有真正发展起来，有的学校就算已经设立，也仍然只是徒有其名，并没有真正意识到设立体育课对学生对民族对国家的真正意义。

然而，石评梅知道中国人常常被外国人欺辱，甚至被其耻笑为"东亚病夫"，就是因为国人在身体素质上远远落后于其他国家而被瞧不起，为此，她觉得学校开设体育一课确实很有必要，也希望自己将来能够学有所成，从而可以为民族的振兴贡献出自己应有的一份心力。蔡元培先生也曾说过，"有健全的身体，始有健全的精神"，石评梅对此很是认同。

选择体育专业是石评梅人生路上的一个意外，然而她却觉得正是这命运的捉弄让她做了对的选择。

收到北京女子高等师范学校的录取通知书后，石评梅如释重负，心中的一块大石头也终于安稳地落地了。她拿着通知书，左看右看，那上面清楚地写着她的名字，让她知道这一刻竟是如此真实，不会再像一场醒来就会落空的梦。

想到远在家乡的父母亲一定在翘首期盼她的消息，石评梅就赶紧拿起纸笔来向他们汇报自己的喜讯，她一边写一边微微笑着，仿佛此刻自己正在和父母面对面地分享着这份喜悦。

来北京已经有些日子了，除了刚来不久向父母报过平安外，之后的日子她都不敢写信给父母，她怕自己忍不住会说出独身在外的种种苦楚，她怕父母会因此担心不已。

现在，石评梅终于可以放下所有的负担和愁绪，可以尽情地和父母诉说自己的心怀，为了这一刻的到来，她曾经夜夜祈盼。

窗外柔和的光亮透过玻璃照射进来，打在石评梅乌黑的头发上，也落在跳跃着欢快的笔尖的信纸上。石评梅低着头，纤长的睫毛扑闪着在眼睑下方落下一片阴影显得格外明媚动人。

信纸已经写了几页，纸上密密麻麻地都是她灵秀的字迹，然而她还在继续写着。

石评梅也不知道这一刻自己怎么会有这么多话要跟父母说，自她入京以来，这不长不短的一段时间，却好像在她的记忆里绵延了很长很长的时光。

来北京之初，给自己的父母所写的那封报平安的家信，因为一切都是未定的状态，再加上一个人在外心里本来就凄清，她也就避繁就简，不去说那离家后的种种心酸，就是为了不让远在千里之外的父母担心忧虑。

而现在，她终于考上了北京女子高等师范学校，心中最大的忧虑已经排除，心情也比刚来北京时好了很多，因而，给父母写起信来就觉得好像有千言万语，一时都难以说尽。

入秋的北京，尤其是在这样的夜里，显得有些清冷。

石评梅拥被而坐，看着外面的月光在窗前洒下一片清辉，多愁善感的她在此刻并不觉得感伤，她只是沉浸在白天未尽的欣喜里，因为兴奋而有些难以入眠。

在这样的欣喜里，石评梅想到自己的家乡，想到自己的母亲，一时间思绪就飘到了千里之外，就像她在散文《漱玉》中所描述的那般：

> 这几夜月光真爱人，昨夜我很早就睡了，窗上的花影树影，混成一片；静极了，虽然在这雕梁画栋的朱门里，但是景致宛如在三号一样；只缺少那古苍的茅亭和盘蜷的老松树。我看着月光由窗上移到案上，案上移到地上，地上移到床上，洒满在我的身上。那时我静静地想到故乡锁闭的栖云

阁，门前环抱的桃花潭，和高岗上姐姐的孤坟。母亲上了栖云阁，望见姐姐的坟墓，一定要想到漂泊异乡的女儿。这时月儿是照了我，照了母亲，照着一切异地而怀念的人。

因为学业的事情终于有了着落，所以这样的夜不再像以前的夜，思念有之，但愁绪却淡了。

之前在这里的夜晚，有很多次，她都是因为对未知的担忧，对未来的惶惑而久久不能入睡，而现在，她终于解脱了，释然了。

石评梅躺在床上，遥想着自己未来在北京的读书时光，心里满是期待和憧憬，那么多关于以后的种种美好构想，一时间都充斥在她的头脑里，让她激动，也让她欢喜。

石评梅写给父母的报喜信，很快就被送到了他们的手中，石铭和妻子李氏逐字逐句地看着女儿的信，因为激动，石铭拿着信纸的手都在微微抖动。

当看到女儿说自己已经顺利考上北京高等女子师范学校并已收到录取通知书时，夫妻两个人都高兴得眼泪在眼眶里打转，他们甚至比石评梅本人还要激动，还要高兴，还要为此感到自豪。

石评梅是当地绝无仅有的能去北京读大学的女子，在当时的年代，女子能够读到中学就已经十分难得了，可她却凭借自己的努力考上了大学，这是相当不容易的事情。

为此，石评梅考上北京的大学的消息不胫而走，很快就在她的家乡传遍了。

虽然石评梅的家乡当时思想仍比较封闭落后，然而对于石评梅考上大学这件事，家乡的很多人还是为她感到高兴，也为家乡能走出这样一个难得的人才而感到自豪。

没过多久，就到了开学的时间，石评梅早早地起床收拾好就去学校报到了。

走进北京女子高等师范学校大门的那一瞬间，石评梅觉得格外神圣，因为这就像一个仪式一般，走进这扇门，就意味着从今以后她就是师大的一名学生了。

于石评梅而言，这是一种默然的认可，也是一种油然而生的归属感。

从大门进去，没一会儿就看到了校园的景色，时值初秋，道路旁的树木还泛着绿色。一排排红砖砌成的楼房掩映在绿树花草中，红绿相称，色彩也煞是好看。因为学校里的建筑都是通用红色，所以师大的学生就将学校的楼房统统称为"红楼"，既贴切又形象。

石评梅慢慢地走着，看着路旁的建筑和各类设施，觉得对一切都很好奇，也因为满意这样的环境，而默默地有些高兴。她很喜欢在这样的环境里读书学习，这里的一切，都没有让她失望。

因为刚开学，学校里的人也渐渐多了起来，道路上随处都可见三五成群或一二成行的女生，她们一路上说说笑笑，看起来英姿飒爽，气质果然不同凡响。

而且她们大部分都剪着齐耳的短发，看着既清爽又精神。

想当初石评梅在太原将头发剪短，回到老家竟然还被人指指点点，可是在这里，这么多同学竟然都剪着和她一样的发式，她觉得很轻松也很愉悦。

石评梅在太原读书的时候，小学和中学都一直读的是女校，因而现在继续在女校中学习，她觉得自己适应起来会很快，也会相对容易，因而，对于接下来的学习生活，她充满了期待。

师大的图书馆就在进校门后不远的第一排红楼上，在图书馆里，石评梅有生以来看到那么多的书籍以宏伟的气势呈现在她的面前。

她走过一排排的书架，抚摸着每一本书籍，那种满足和喜悦是她无法用语言形容出的。在师大学习的日子，石评梅有很大一部分时间都是在图书馆里读过的。

她爱书，读书是她生活中很重要的一部分。

除了图书馆，师大校内还设有自习室、练琴房、文娱场所、大礼堂、会客厅、饭厅等许多可供师生自由学习娱乐的地方；另外学校的后院还有一个大操场，因为是体育生，石评梅以后也经常光顾这里。师大不但校园环境好，而且相应的教学设施也很完备，一切都以学生的全面发展为基准，因而师大的声誉一直很好。石评梅一路徐行，不急不缓地将师大的各个院落和几个主要教室都观看了一遍，中院、后院、西院、图书馆、自习室、教室和大礼堂，一切都令她满意。

在学校里面溜达了一圈后，石评梅就去办了新生报到的相关手续。学校的老师对学生很和蔼，石评梅办完入学手续，就有老师为她指引去寝室的路线，石评梅很感激，也倍觉温暖。

比起石评梅在太原女师的住宿条件，师大的宿舍显然要好很多，每个人有独立的床位，而且还配有桌椅。石评梅找到自己的床位，很快地就将自己的东西摆放好，因为之前有过住校的经历，所以这些个人事务对她来说都是小事一桩，很快她便把一切收拾妥当。

石评梅在师大的学习和生活很快便进入正轨，每天上完课，石评梅就会去图书馆看书,那里有她喜欢的文学书籍,也有《新青年》等进步书刊可以翻阅。

因为大学的学习大多是自主的,老师只在课堂上教授学生,课下的大部分时间都是学生自由分配,有人愿意三五成群吃喝玩乐,有人愿意花前月下你侬我侬,而石评梅更愿意将这些时间花在读书学习上。她好不容易才来到北京,也好不容易才考上师大,她不想对不起自己的父母,也不想对不起自己。

吴天放仍然会隔三差五地来找石评梅,很是殷勤,就连局外人都能看出他对石评梅的用心。石评梅不笨,她当然知道吴天放对自己的心意,或许在同来的途中,她就已经有所察觉,只是她不愿意去面对。

石评梅并不讨厌吴天放,相反的是,她对他还有一些好感。在来北京的火车上,他对她呵护备至,他的细心周到,他的成熟踏实,她都能一一感受到。

石评梅能顺利地考上北京女子高等师范学校,吴天放有很大的功劳,这些她都一一记在心底,并万分感激。对于他的好,她并不抗拒,然而石评梅之前很少跟男子打交道,在这方面,她没有经验,因而也很难把握自己的心意。

对于感情,有很大一部分都取决于缘分,那个人来了便来了,那个人走了就走了,是你的终究就是你的,不是你的就算强求也无济于事。

这一段还未来得及展开的情缘,是继续还是暂停,他们谁都无法预料,只有等待,唯有等待。

朦胧初恋

有些一见钟情的爱情,只有自己遇到了,你才会相信。

吴天放之前并不相信一见钟情,他足够成熟,而且还非常理智,因而对感性作祟的任何冲动都不过分迷信。他笃信自己的信条,没有人可以超越他的准则,包括他自己。

然而,谁能保证一切都会亘古不变呢?

在吴天放冷静克制的世界里,石评梅的到来,绝对是个例外。这个例外改变了他一贯信守的准则,也改变了他原本的生活。

在她面前,他永远是个虔诚的信徒,终日的守候和等待,只为了有朝一日的被召唤,只为了她回眸一笑的瞬间。

想当初,石评梅的父亲找到吴天放,并将自己的女儿托付于他,恳请他在上京的途中对她多加照顾的时候,他还有些不情不愿。

一个人是自在而轻松的,而两个陌生人的相处多少还是有些负担,何况同行的还是个年轻姑娘,就让他觉得更加不方便了。

然而,石评梅的父亲石铭在当地还是有些名望的,因而当他为此事来找吴天放时,他还是恭敬地应承下来了。

吴天放万万没想到的是,这所有的不情愿都在见到石评梅的那一刻而瞬间化为了乌有。

她一出现,他便沦陷,爱情就是这么奇妙的所在。

石评梅刚开始没有察觉到吴天放的心思，毕竟她还涉世未深，加上她之前一直在女校学习，对男女之间的感情没有太多的想法，更没有任何的心理准备。

因而对于石评梅来说，吴天放也是一个突然出现在生活里的惊喜，没有任何防备，却会庆幸他的到来。她对他可能不是一见钟情，然而却总算是日久生情的。

从一开始，她就对他颇有好感，因而后来的芳心暗许也算是顺理成章的事情。

在来京的火车上，吴天放对石评梅一直照顾有加，只要是关于她的事情，他都格外上心。

一路上，两个人虽然没有过多的言语交流，然而在眼神与眼神的碰触之间，他们已经将彼此的心意都看在了眼里，放在了心上。

石评梅矜持，他便主动，再冷的心遇到了火热的情也会融化，更何况是在孤单的旅途，有一个人愿意伴你左右，供你差遣，陪你孤独。

在石评梅最需要陪伴，最需要温暖的时候，吴天放恰好就在他身边。

近水楼台先得月，有时候爱情能够发生的理由就是这么现实通俗，顺其自然，却又真实温暖。

来到北京以后，石评梅人生地不熟，恰好吴天放已经在北京待了几年，对北京的一切早已经熟稔于心，因而他又可以继续光明正大地出现在她的生活里，为她解忧的同时，也在逐步向她靠近。从初来北京到顺利考取师大，吴天放在这段时间里给了石评梅充分的关心和照顾，石评梅也在尝试着一点点打开自己的心防，放下自己的矜持，开始接受吴天放的心意了。

吴天放感受到了石评梅的转变，也知道她开始在转变对他的态度，他们之间的相处也从最初的频繁尴尬逐步过渡到现在的默契自然了，这让吴天放很是高兴。

等到石评梅在学校的一切事务都处理妥当后，吴天放就经常来她的学校找她，北京的名胜古迹，只要是她感兴趣的，他都会带她去玩去逛。

刚来北京不久，石评梅就想去看看北京有名的建筑和景点，然而因为要忙于报考的事情，再加上一个人也实在没有多少心情，她也就作罢了。现在，吴天放主动提出带她去逛逛北京，她自然非常欢喜。此时，石评梅已经对吴天放动了心，跟他在一起，她是开心的，也是幸福的。

吴天放是北京大学的学生，不管是在当时还是现在，北京大学都是全国鼎鼎有名的高等学府，可想而知，吴天放的才学和成绩应该相当不错。

吴天放虽然不是那种特别英俊的男子，但是身形挺拔的他穿上一身中山装，看起来也算是仪表堂堂、玉树临风。像他这样的青年才俊在当时很受追捧，然而对于其他人的青睐，他并不放在心上，因为彼时他的眼里只有石评梅。

在游玩的过程中，石评梅发现吴天放还是一个热血青年，有学识，也有才略，因而对他的印象也越来越好。吴天放知道石评梅已经开始接受他了，便加紧了追求的节奏。

之前他怕自己的鲁莽吓到石评梅，一直都慎于行止于礼，丝毫不敢有任何越雷池的举动，而现在他也敢在她面前公开地袒露自己的胸怀了。

石评梅刚开始并没有明确的回应，出于女孩子的羞怯，她一直有些躲闪。

吴天放知道成功已经不远，所以也没有因为石评梅态度的游离不定而有丝毫的动摇和沮丧。在以后的日子里，吴天放来师大找石评梅更加频繁，每一次都会借机向她表露自己的心意。对于吴天放的表白，石评梅在心底其实早就已经接受，她只是没有勇气在他炽热的目光下点头，怕自己会在他的面前露出窘迫的样子，所以就故作懵懂。

吴天放的家庭在当时的山西老家也算是有名望的殷实门户，按当时的传统观念来看，吴天放与石评梅二人也算是门当户对，很是般配。

吴天放早年曾远赴美国留学，思想较为开放，是北京大学小有名气的风流才子，举手投足间也自有一种倜傥的气度。

在与吴天放相处中，石评梅也渐渐地被他直接而热烈的追求给打动了，而真正让她放下矜持、打开心扉，终于答应接受吴天放的契机，却是在那一年的中秋时节。

在学校的日子总是不知不觉，时光悄然流逝，转眼就到了中秋。

石评梅以前都是跟父母一起过中秋，一家人团团圆圆，在月下吃饼赏月、有说有笑，格外开心。因而，每年她都很期盼中秋的到来，但是今年的中秋，她却不再像先前那样期待了。独身在外，总是格外想家，更何况在这本应一家团聚的日子，她却一个人在外飘零，过节的心情自然也就十分索然。

自从上京以来，石评梅再也不愿过中秋了，因为这原本美好无限的节日只会更加衬托出她一个人的孤独。

"每逢佳节倍思亲",那逐日的月圆和怒放的秋菊,倒是无端地催出了许多离人的眼泪。像石评梅这样的游子,每逢月圆时节,睹月思人,自然不免生出无限凄凉怅惘之感。

因而,以后每逢中秋来临之际,她都会给自己的父母写信,以排解自己心中的思念和愁绪:

> 我深深地知道:系念着漂泊天涯的我,只有母亲;然而同时感到凄楚黯然。对月挥泪,梦魂犹唤母亲的,也只有你的女儿!
>
> 节前许久未接到你的信,我知道你并未忘记中秋;你不写的缘故,我知道了,只为了规避你心幕底的悲哀。月儿的清光,揭露了的,是我们枕上的泪痕;她不能揭露的,确是我们一丝一缕的离恨!
>
> 我本不应将这凄楚的秋心寄给母亲,重伤母亲的心;但是与其将这颗心,悬在秋风吹黄的柳梢,沉在败荷残茎的湖心,最好还是寄给母亲。假使我不愿留这墨痕,在归梦的枕上,我将轻轻地读给母亲。假使我怕别人听到,我将折柳枝,蘸湖水,写给月儿;请月儿在母亲的眼里映出这一片秋心。
>
> 挹清嫂很早告诉我,她说:"这些时为了你不在家怕谈中秋,然而你的顽皮小侄女昆林,偏是天天牵着妈妈的衣角,盼到中秋。我正在愁着,当家宴团圆时,我如何安慰妈妈?更怎能安慰千里外凝眸故乡的妹妹?我望着月儿一度一度圆,然而我们的家宴从未曾一次团圆。"
>
> 自从读了这封信,我心里就隐隐地种下恐怖,我怕到月圆,和母亲一样了。但是她已慢慢地来临,纵然我不愿撕月

份牌，然而月儿已一天一天圆了！

　　石评梅知道，不仅自己怕这逐日的月圆，就连家里的亲人也因为远在异乡的她而怕谈起这本应团圆的节日。看着日历上一天天跳跃着的时光，石评梅不由得开始叹息，无论她怎么抗拒，而月圆的日子终究还是要来临。

　　在北京的第一个中秋，幸好有吴天放的陪伴，石评梅才不至那么伤心落寞。

　　吴天放知道石评梅是个恋家的人，也知道她在中秋时节会倍觉孤独，也会因此内心郁郁，难以开怀，因而，中秋节这一天，吴天放早早地就来到石评梅的学校来陪她过节。

　　对于吴天放的到来，石评梅是开心的，虽然她没有过多地表现出自己的高兴，然而在内心深处，她已经开始接纳他了。在石评梅最孤独、最需要陪伴的时刻，吴天放恰好就是那个一直守候在她身边的人，从来时路上的呵护到北京的温暖守护，她将他的真心看得一清二楚，也渐渐地明白了自己的心意。

　　对于初次离家远行的石评梅来说，吴天放的意义是独一无二的。

　　出门在外，意味着石评梅只能靠自己，父母已是无能为力，不能再帮她分担任何忧虑。然而，吴天放的存在却让石评梅有了另外的依靠，她无需一个人去扛所有的事情，因为有他来替她分担。再者，石评梅是喜欢吴天放的，对于她的关心和帮助，她在感激之余，也是欣喜雀跃的。

　　"皇天不负有心人"，吴天放经过不懈的努力，最终还是赢得了石评梅的点头接受。一切都很自然，因为他们认识的时间已经足够长，对彼此也已经足够了解，他们最终能够走到一起，似乎也是理所当然的事情。

石评梅和吴天放的恋爱关系确定后，他们见面的时间就更多了，因为感情已经公开，他们之间的相处就更为融洽。

吴天放从来没有看见过石评梅撒娇嗔怒的样子，直到他们在一起后，她才开始将自己的小女子风范展现在他面前。

相对于以前那个过度矜持的石评梅，吴天放更爱现在的这个她，满腹才情，也同样活泼可爱。他喜欢她同他不讲理的时候较真的模样，也爱她佯装生气时鼓起的小腮帮，他更爱她时而扑闪时而秋波流转的眼睛，他爱她的一切，一切都爱。

在两人相处的过程中，吴天放不仅细心体贴，而且还懂得浪漫，这让初尝恋爱滋味的石评梅觉得分外幸福。

吴天放知道石评梅喜欢梅花，因而每次去学校见石评梅的时候，他就会带一些印有梅花图案的彩笺，有时也会应景地在上面附几首诗送给她，石评梅很是喜欢。

寒冬时节，梅花绽放的时候，吴天放也会给石评梅带一些新鲜的梅花，插在花瓶里，煞是好看。石评梅对吴天放这看似平常实则有心的浪漫举动都一一记在心上，她知道他对她爱得用情用心，便也渐渐地将自己的那颗心完完全全地交付给了他，只盼能够"愿得一人心，白首不相离"。

爱情的力量是巨大的，在与吴天放的这段感情里，她不仅体会到了从未有过的幸福和甜蜜，而且在心绪上也乐观开朗了许多。

之前的石评梅就像《红楼梦》里的林妹妹一般，愁绪万端，心境也比较低落；而现在，她不仅相信爱情的力量是伟大的，也相信自我的力量是无穷的，就像她劝自己的同学婧君时说的那样，她坚信未来是在自己的手中掌握着的，一切自我的追求都可以靠奋斗得来。

  从前我是信仰命运天定说的，现在我觉那都是懒惰懦弱人口中的护符，相信我们的力，我们的力是能一日夜换过一个宇宙的。我们的力是能毁灭一切，而重新铸建的；我们的力是能挽死回生的。婧君！你相信你的力，相信你的力量之伟大！

  结婚以爱情为主，道德不道德，亦视爱情之纯洁与否？至于一切旧制度之名分自然不值识者一笑！我们为了爱情而生，为了生命求美满而生，我们自然不是迎合旧社会旧制度而生，果然，又何贵要有革命！

——《婧君》

这一场看似完满的爱情，改变了石评梅，也改变了吴天放。

他们都以为彼此就是对方的唯一，彼此就是对方的生命，然而有些事情，从一开始就已经注定，并不是但愿如此这四个字就能成全所有的情意。

对的时间遇到对的人，是缘分，也是一种幸运；

对的时间遇见错的人，是命运，也是一种考验。

所有的爱情大抵都逃不出这两种结局，或长相厮守，或劳燕分飞。如果足够幸运，但愿你能在对的时间，遇到那个对的人，一生一世，不离不弃。

至于石评梅和吴天放的爱情最终会有怎样的结局，是幸运还是不幸，相信时间会去一一验证，未来会给出合适的答案。

梅式才情

此时的北京已经是深秋时节了，道路两旁的树叶红的红、黄的黄，斑驳明艳的色彩，像是涂抹在空白画板上的刻意的调色。站在地势稍高的地方，极目远眺，你会发现，那些起伏的山峦都像西天的云霞一般，被染上了火红的颜色。

一叶而知秋，但北京的秋天却是说来就来的，在你还没来得及发现的时候，所有的树叶都红了黄了，总让人措手不及。

石评梅很喜欢北平的秋天，微微的凉意里，却透着天高云淡的清爽和舒适。每天清晨，石评梅起床洗漱后，会去学校后面的大操场锻炼一下，跑步、跳远、拉伸等都是家常便饭，因为体育是专业所学，所以每日锻炼的功课是必须要做的。

吃完早餐，要是上午没有课的话，石评梅多半会去图书馆消磨时光，那里有她热爱的各种文学书籍，也有她经常翻阅的新兴进步书刊。石评梅来到师大的时间不算长，但是她在图书馆看过的书籍却已经不少了，有很多文科专业的学生，在课外的阅读量上都难以超越她。除此之外，石评梅自己也会经常买一些喜欢的文学刊物来看，对于知识的渴求，她从来都是喜欢贪多的。

石评梅的专业是体育，虽然体育课是主要课程，但是她还需要学习文化课程。

对此，石评梅是格外赞成的，不仅因为她自己喜欢文学、擅长文科，而且她也认为人的身体素质和精神素质都是需要通过学习锻炼来不断巩固提高的。

因而，在对待专业课上，她一直是认真而努力的，对待文化课，她也同样勤奋好学。

因为石评梅是体育生，所以她的同学都没有料到她的文科成绩会这么出色，也没有想到她的文学功底竟是如此深厚。石评梅自幼随父亲熟读古文经典，其在小学和中学的文学天赋就格外突出，时间的积淀和自身的勤奋，让石评梅的才学越发精湛；在师大图书馆的博览和学习，让石评梅的阅读经验更加广泛，也让她的文学修养得到了很快的提升。

新文化革命以来，以新文学取代旧文学，白话文以迅雷不及掩耳之势迅速蔓延，逐步得到很多人的认可。

白话文的忠实拥护者，也是新文化运动的先驱之一——胡适，为了使白话文得到更普遍的推广，就率先推出了一本白话新诗集《尝试集》。这是中国第一本新诗集，里面的作品都是胡适新近创作的新诗，虽然难免生涩，其本身文学性的匮乏也被很多人诟病，但在当时却有着划时代的意义，在中国新诗史上也具有重要的价值。

石评梅在太原学习的时候，就对新式文学有很大的兴趣，也非常喜欢这些不同于古文的通俗文体。

《尝试集》的大名，石评梅是早已听说过的，因而她去逛书店的时候，就买了一本。

平时没事的时候，她就会经常翻开来看看，因为从来没有看见过这种形式的新诗,她倒觉得这种小诗很有特色。

《尝试集》之后,也有很多的新诗佳作涌现,像郭沫若的《女神》便是风靡一时的佳作。

当时北京的各种文学社团云集,诗社也不在少数。

当时很有名气的湖畔诗社便是其中的典型代表之一,冯雪峰、应修人、潘漠华、汪静之是诗社的主要成员,一时间他们也创作了众多脍炙人口的新诗,大受读者的欢迎。

他们的作品以抒情短诗为主,表现了新文学运动初期刚刚挣脱封建礼教束缚的天真烂漫的青少年对美好自然的向往和对幸福爱情的憧憬,独具一种单纯、清新、质朴的美。

朱自清说:"真正专心致志做情诗的,是'湖畔'的四个年轻人。他们那时候差不多可以说生活在诗里。潘漠华氏最凄苦,不胜掩抑之致;冯雪峰氏明快多了,笑中可也有泪;汪静之氏一味天真的稚气;应修人氏却嫌味儿淡些。"(《〈中国新文学大系〉诗集导言》)

当时湖畔诗社的成员大多是浙江第一师范学校的学生,他们在课外结社而进行新诗的创作,并且也各自写出了自己的特色,这让有意于文学创作的石评梅颇受鼓舞。

石评梅因为耳濡目染,也开始有了创作新诗的兴趣,她的第一首新诗便是《夜行》,于1921年12月21日发表在山西大学新共和学会学刊《新共和》的第一卷上。

石评梅发表这首诗的时候,湖畔诗社还未成立,她在文学创作道路上的第一步就此迈出了。

这首诗分作四个部分来展开,通过写受到"五四"精神感召的青年在奋斗向前、寻找光明的路上的艰难险阻,表达了石评梅本人坚信未来终将是一片光明的乐观精神和积极斗志。

一
凉风飒飒，
夜气濛濛，
残星灿烂，一闪一闪的在黑云堆里；
松柏萧条，一层一层的在丛树林中。
唉！荆棘夹道，怎叫我前行？
奋斗呵！你不要踌躇！

二
行行复行行，
度过了多少黑沉沉的枯森林，
经过了无数碧草盖的荒冢，
万籁寂寞美景遁隐，
凄怆！凄怆！
肮脏的环境，真荒凉！

三
车声辚辚，好像唤醒你做噩梦的暮鼓晨钟！
萤火烁烁，好像照耀你去光明地上的引路明灯！
你现时虽然在黑暗里生活，动荡；
白云苍狗，不知变出几多怪状，
啊呀！光明的路，就在那方！

四

哦,一霎时,青山峰头,拥出了炎炎的一轮红光;
伊的本领能普照万方;
同胞呀!伊的光明是出于东方!
你听那——
鸟声喈喈,不住地叽叽!喳喳!
溪水曲径,不断地湫湫!潺潺!
你看那——
山色碧翠,烟云弥漫;
田舍炊烟,一缕一缕地扶摇直上。
呵!
美呵!
自然的美呵!
我愿意和它永久生长。

在当时,新诗在北京虽然大受欢迎,各种报纸刊物都争相刊载,但并不是随便任何人都可以去发表的。石评梅作为一名体育生,却在文学创作的道路上领先于许多文科专业的学生,这让她的老师和同学都不由得对她刮目相看。

对此,石评梅也格外兴奋,毕竟这是她的处女作,对于有写作梦想的人来说,这就是"千里之行,始于足下"的第一步,也是至关重要的一步。

有了这次难得的创作经历,石评梅在文学创作上所下的功夫就更深了,她希望自己将来能够发表更多的作品,因而也比从前更加努力。

"功夫不负有心人"，石评梅通过自己的不懈奋斗，作品越写越多，类型越来越广，发表在刊物上的次数也越来越多。《夜行》之后，石评梅在次年陆续在北京的《学汇》上发表了散文《葡萄架下的回忆》，在上海的《妇女声》上发表了诗歌《做妾的儿子》，在北京的《晨报副刊》上发表了话剧《这是谁的罪》等多篇题材多样的文学作品。

石评梅当初创作话剧《这是谁的罪》，是因为有感于同校一名学生的悲惨经历而作的。这位名叫李超的女生，是师大文科二年级的学生，广西人。因为父亲早亡，只得依靠自己的哥哥和继母，她在学校的学费都是她的哥哥资助的。在师大学习的第一年，李超的哥哥为了减轻负担，就要她弃学嫁人，而且还是嫁给一个当地有钱人做妾；李超受过新式教育，当然不愿意再像以前墨守成规的女子一样对封建家庭唯命是从，她坚决不答应，因之她的哥哥断了她的经济来源，不再供给她的学费。李超为此伤心过度、痛苦万分，很快就病倒了，没过多久便郁郁而终。

李超的死在师大掀起了一阵议论的热潮，也让更多的人看到了封建礼教和封建家庭的吃人本质，为此，很多人都为她抱不平，也为她的惨死感到深深的惋惜。

这件事情也引起了社会人士的关注，因为这不仅是一桩家庭的惨剧，也是被封建礼教束缚的所有女性的悲剧。为此，北京女子高等师范学校联合北京新文化界为李超举行了追悼会，借此来倡导女性的婚姻自由和人格独立。

石评梅因为李超的不幸遭遇而深受震撼，因而便以她为原型加以创作，写出了话剧《这是谁的罪》。小说分别以王甫仁和陈冰华为男女主人公，讲述二人同时留学国外而日久生情、私定终身。只是，王甫仁回国后才发现，父母已经为他定了亲；他不愿辜负自己的爱人，但也难以违抗父亲的意愿，最终只能屈从于父亲的意志。就在新婚当天，陈冰华为了报复，毒死了新娘，而最终与王甫仁结成连理。然而出于良心上的谴责，也为了报复封建父母的专制，陈冰华最终选择服毒自杀，王甫仁伤心欲绝，也随即服毒为其殉情。

这部话剧一出来，便广受好评，甚至还被排演出来。

然而，这毕竟是石评梅第一次接触话剧创作，在内容上难免有瑕疵会被人指摘，邓拙园便是其中提出批评意见的一位。

相比邓拙园而言，石评梅当时只是一个刚刚走上文学创作道路的愣头青，在资历和气势上自然是前者更强。

然而，面对邓拙园的质疑，石评梅不卑不亢，对于确实存在不妥的地方，她虚心而诚恳地承认；而对于她并不赞同的观点，她也敢提出来与批评者进行商榷讨论，有理有据，文采斐然。

在她的答复文《与止水先生论拙著〈这是谁的罪〉的剧本》中，她进退有度，言辞得当，诚然有君子之风：

> 这个剧本，由于潦草脱稿，太欠化炼的功夫之故，自不免有词句描写不甚恰当，和遗漏应添的地方。我对于邓先生（一）与（三）两条的批评，所以引为同意，并且要谢邓先生的指教。但我认定这个剧本为"今代的人情剧"，是受着眼前社会生活上活的事实反射而产生的一个示人以"生"，不是示人以"死"的暗示剧。我的主观论断如此，于是乎我对邓先生（二）条的意见不能赞同了。

又这纸绝命书在剧本上当然要披露,但在舞台上简直没法可以叫王甫仁告知观众,势唯有预先把此书印成,当排演时分散观众。因为主观的王甫仁在那个时候,见了这封信,唯有吞声咽泪地用"心"默吸,决不至予开口朗诵于(如)赞礼生之读证明祭文呵!

邓拙园一方面认为石评梅的剧作某些地方有些粗糙,未经雕琢而缺乏美感;另一方面也认为剧中有些情节设置和表达过于含蓄隐晦。

对此,石评梅虽承认自己的剧作因为仓促完稿确实有些潦草,但也披露因为《晨报副刊》在刊载此剧时,没有将陈冰华最后留给王甫仁的绝命书一并附上,因而相应地造成了结局的不完整和隐晦,从而使观众难以理解。

邓拙园主张在戏剧表现上要外放出来,具体的情节一定要用明确的形式表达出来,但是石评梅却认为:"将来必抱戏剧的外表情节,和举动必渐渐地简略,而倾向于精神方面之含蓄的,寄寓的,反射的,烘托的,种种暗示作用。"

面对权威,石评梅既能听取其确实言之有理的批评意见,也能在双方意见相悖的问题上逐一说明,勇敢反驳,由此可见她的勇气和智慧。

自此以后,石评梅笔耕不辍,陆续发表了许多新作,渐渐地也成了北京文坛上小有名气的作家。诗歌、散文、戏剧、小说,她都有过尝试,且都有不错的成绩,尤其是在新诗和散文的创作上成果丰硕,佳绩连连。

时光翩跹,流年如梦。

石评梅在北京女子高等师范学校悄然成长、卓然而立，因为其在文学创作的天赋和才学而渐渐为人所知；在师大的校园里，石评梅的名字也会经常被提起，很快她便成了师大学生们公认的才女。

石评梅是谦虚的，也是勤奋的，她知道功名乃身外之物，唯有真才实学才是她应追求的境界。

无论外界怎样推崇她，她都是淡然的，因为她知道自己需要学习的东西还有很多，所以反而比以前更加努力，也更加刻苦。

以文会友

北京女子高等师范学校向来是个出人才的地方，虽然是一所女校，在封建时代难免会被人看轻，但"巾帼不让须眉"，师大的女子出类拔萃，佼佼者实在是不少。

后来在文坛上闻名的庐隐、冯沅君、苏雪林和陆晶清都是该校的学生，石评梅跟她们都是熟识，尤其是和庐隐、陆晶清两人交好，在后来更是和她们成为了互相倾诉衷肠的挚友。

庐隐是石评梅最先结识的朋友，在二人认识之前，都互相听说过对方的名字，但并未见识过本人。当时师大出版了一种杂志，只有优秀学生的佳作才会被刊载上去，石评梅在上面曾经看到过庐隐的文章《文艺观摩录》，她觉得作者很有才气，因而私下里格外欣赏。

石评梅偶尔会在一些文艺报刊杂志上发表自己的作品，庐隐也经常会买一些当下风行的刊物来看，所以在上面看到过石评梅的文章，并且对石评梅的文学功底和才情也青睐有加。

石评梅和庐隐两人都是先闻对方的文名，而后才相识相知的。

缘分就是这么奇妙的东西，只因一个偶然的机会，两个年轻的女子便不经意地相遇相知了。

诚然，同在一所大学里，要遇到也是很容易的事，然而擦肩而过也同样有很大的可能。

石评梅和庐隐是有缘的，第一次遇见后，她们便互相喜欢上了对方，很快就成了无话不谈的好朋友。自此，两个人就经常互相鼓励、互相安慰，彼此都成了对方生活上和事业上的鞭策者。在石评梅后来给庐隐的信中，她还曾这样写道：

> 你我无端邂逅，无端缔交，上帝的安排，有时原觉多事；我于是常奢望你在锦帷绣幕之中，较量柴米油盐之外，要继承着你之前的希望，努力去做未竟的事业，因之不惮厌烦，在你香梦正酣时，我常督促你的惊醒。不过相信一个人，由青山碧水，到了崎岖荆棘的山路，由崎岖荆棘中又到了柳暗花明的村庄，已感到人世的疲倦，在这期内彻悟了的自然又是一种人生。
>
> 在学校是我看见你激昂慷慨的态度，我曾和婉说你是女儿英雄，有时我逢见你和莹坐在公园茅亭中大嚼时，我曾和婉说你是名士风流。想到《扶桑余影》，当你握着利如宝剑的笔锋，铺着云霞天样的素纸，立在万崖峰头，俯望着千仞飞瀑的华严泷，凝视神往时，原也曾独立苍茫，对着眼底的河山，吹弹出雄壮的悲歌；曾几何时，栉风沐雨的苍松，化作了醺醉阳光的蔷薇。

庐隐看石评梅的文章，总觉得她的文字里有一种淡淡的哀愁，特别是她的诗歌，凄婉低回的底蕴里，常常满含着惆怅的心绪。加之，在平时的生活中，石评梅低调含蓄，多愁善感，眉目间总带着几分愁绪，与《红楼梦》中的林黛玉倒有几分相似，因而庐隐常常戏称她为"颦儿"。

石评梅知道庐隐虽然平时总以微笑示人，但内心深处仍藏着一份鲜有人知的痛楚。

最初与庐隐相识时，石评梅并没有看出庐隐的伤心事，但两人深交以后，她发现庐隐并不像她所想的那般阳光乐观，甚至有时还会偷偷掉眼泪。

经过一番追问，石评梅才知道庐隐之所以不开心，原来是因为她的家庭。

庐隐是家中的第五个孩子，前四个孩子都是她的兄长，只有她是家中唯一的女孩，且排行最末。按理说，老幺在家庭中应该是最受宠的孩子，况且她又是家中唯一的女孩子，自然会很受父母兄弟的爱护。

然而，庐隐的命运却完全不同，因为就在她出世的那一天，她的外祖母逝世了。

为此，庐隐的母亲很是悲伤，也认为庐隐的降临给她的外祖母带来了致命的灾难，因而在潜意识里就不太喜欢这个孩子。

母亲的奶水一直不太充足，所以庐隐经常因为吃不饱而大哭大闹，久而久之，她的父亲也开始厌烦起她来，于是就找了个奶妈来照看她。

自从有了奶妈后，庐隐的父母就不怎么照看庐隐了，奶妈也总因为粗心大意而疏忽了对她的照顾。因而，大多时候，她都是一个人孤孤单单的。

从小到大，庐隐在家里似乎都只是一个多余人的身份，父母没有给她应有的关爱，甚至还有些嫌弃她，她就在这样冷漠寡情的家中独立长大。

知道庐隐的身世后，石评梅更加珍惜这个朋友了，她决定要好好地爱她，让她从此能不再那么孤单，不再那么忧伤。

两个因文学而结缘的女孩子，彼此惺惺相惜，互诉衷肠，最终成为了无话不谈的知心好友。

每每有失意或彷徨的时候，石评梅都会找庐隐倾诉，即使庐隐不在身边，她也会写信告诉她自己的所感所想。在《给庐隐》一文中，石评梅就曾将自己的惶惑和苦恼向庐隐袒露，并在这种舒缓的倾诉中自解自慰，最终得以释然。

自从得到了你充满热诚和同情的信后，我每每在静寂的冷月寒林下徘徊，虽然我只看见是枯干的枝丫，但是也能看见她含苞的嫩芽，和春来时碧意迷漫的天地。我知所忏悔了，朋友！以后不再因自己的失意而诅咒世界的得意，因为自己未曾得到而怨恨人间未曾有了；如今漠漠干枯的寒林，安知不是将来如云如盖的绿荫呢！人生是时时在追求扎挣中，虽明知是幻象虚影，然终于不能不前去追求，明知是深涧悬崖，然终于不能不勉强扎挣；你我是这样，许多众生也是这样，然而谁也不能逃此网罗以自救拔。大概也是因此吧！才有许多伟大反抗的志士英雄，在辗转颠沛中，演出些惊人心魄的悲剧，在一套陈古的历史上，滴着鲜明的血痕和泪迹。朋友！追求扎挣着向前去吧！我们生命之痕用我们的血泪画写在历史之一页上，我们弱小的灵魂，所滴沥下的血泪何尝不能惊人心魂，这惊人心魂的血泪之痕又何尝不能得到人类伟大的同情。命运是我们手中的泥，一切生命的铸塑也如手中的泥，朋友！我们怎样把我们自己铸塑呢？只在乎我们自己。

石评梅和庐隐不仅常常在文学上、思想上进行着深入的交流，在生活上，她们也联系紧密，相处得融洽而又亲密。

只要是在学校里，就可以经常看到她们俩手挽着手在师大里进进出出，就像亲生姐妹一般。

有时候，为了赴庐隐的约，石评梅还会推掉与男友的约会，吴天放虽然十分不情愿，但也无可奈何。在北京女子高等师范学校，凡是知道石评梅的人，也一定知道庐隐，并不仅仅是因为她们俩都是学校里的名人，而是因为她们经常在一起，大家已经熟悉了她们作为一个整体出现。

庐隐在学校的社交圈很广，认识的人自然就多，而且多半都是在学校里小有名气的一些人物。因为庐隐的关系，石评梅有机会认识了许多可爱的朋友，并且有幸与其中的一些人建立了深刻的友谊，陆晶清便是其中的一位。

北京人都知道中央公园，中央公园在旧时是专门供帝王敬献社稷的场所，随着朝代的更迭，后来便日渐荒废了。

民国成立以后，这块皇家禁地便被改造成了公园，以"中央公园"著称，而公园中最负盛名的便是"来今雨轩"了。

话说"来今雨轩"这个名字的由来还有一段典故，讲的是唐朝诗人杜甫曾经很受唐玄宗的赏识，因而杜甫一时名噪京城，无论是达官贵人还是平民庶子都争相去拜访他，想与他攀交情。然而后来唐玄宗并没有赏官给杜甫，一时间，那些曾经攀附杜甫的势利小人都纷纷远离了他，几乎没有人愿意与他来往，可谓是"门前冷落鞍门稀"。后来，在杜甫穷困潦倒、身无长物的时候，有一个姓魏的朋友忽然在一个下雨天前来拜访他。这让杜甫分外感动，也禁不住满怀感慨，遂即兴作了一首题为《秋述》的诗，诗前还有一段序作为介绍："秋，杜子卧病长安旅次，多雨生鱼，青苔及榻。常时车马之客，旧雨来，今雨不来……"其中的"旧雨"即指旧朋友，"新雨"便是指新朋友，"来今雨轩"的名字便是由此而来。

"来今雨轩"最具特色的便是他们家的白菊花面，许多人都曾慕名而来只为了一尝白菊花面的美味。

来北京不久，吴天放就带石评梅来过这里，她对这里的白菊花面也一直念念不忘，因而一直很想再来吃一回。

庐隐知道后，便邀石评梅一起去"来今雨轩"吃白菊花面，石评梅毫不犹豫地就答应了。

去吃饭的当天，庐隐告诉石评梅她还约了其他几位朋友一起去，顺便将她们介绍给她认识，为此，石评梅很是高兴。到了"来今雨轩"，石评梅在庐隐的介绍下认识了在座的其他几位朋友。

其中的冯沅君，石评梅是知道的，她是师大众所周知的才女，很有名望。

冯沅君极富才情，在当时已经写出了很多有名气的作品，在许多刊物上都可以看到她的名字。

石评梅看过冯沅君的文章，私下里也很喜欢，因而见到冯沅君就格外高兴。

听庐隐说，冯沅君不止文章写得好，而且思想也很进步，敢于仗义执言，也敢于向权威发起挑战。师大的新校长许寿裳就是在冯沅君的倡议下才上任的。

因为当时的前任校长过于保守迂腐，不仅不支持学生的进步活动，还经常予以镇压，所以遭到了众多师生的反对；冯沅君临危受命，在15所女校学生代表的委托下，写了一封"致总统书"，并组织游行队伍进行上书请愿，最终使得本校校长无奈之下引咎辞职。

石评梅听完庐隐的介绍，不由得对冯沅君刮目相看，也因此而更加敬重她了。

坐在冯沅君旁边的是苏雪林，也是师大有名的才女。

苏雪林19岁便开始写作，她当时写了一首长达几百字的五言古诗，后来她将这首诗改为短篇文言小说，名为《始恶行》，发表之后轰动一时，她也因此被许多同学所熟知。

庐隐和苏雪林在来师大之前就认识，她们一起从安徽来到北京求学，并双双报考北京女子高等师范学校，经过不懈的努力，最终都成为了师大的学生。

石评梅也是经历一番波折才最终考入师大的，因而对有着相似求学经历的苏雪林也备感亲切。

最后一位是陆晶清，原名陆秀珍，来自云南昆明，是一个活泼可爱的小女生。

陆晶清很活跃，也很热情，没等庐隐向石评梅介绍，就主动接过话头开始自报家门。

在座的几位中，就数陆晶清的年纪最小，虽然比不上其他几个人的名气，但她也是一位才女，不仅博览群书，知识储备丰富，还在一些刊物上发表过自己的文章。

石评梅对冯沅君、苏雪林很敬佩，然而对于陆晶清，她却是打心底里喜欢；因为她觉得跟陆晶清在一起的时候，她会感到前所未有的轻松、愉快。

饭局结束后，她们几个人偶尔也会相约一起吃饭、聊天、出游，她们几个都是师大有名的才女，因而每当她们走在一起的时候，总会引起一阵小小的轰动。

自第一次见面后，陆晶清就经常来找石评梅玩，石评梅也乐意和她一起玩。久而久之，两个人之间就建立起了深厚的友谊，陆晶清总是亲切地叫石评梅"梅姐"。

因为陆晶清对事对人都很活跃积极，平时高兴起来蹦蹦跳跳的样子很是可爱，石评梅便唤她为"陆晶清"，"陆晶清"即小陆也。因为一个偶然的缘分，石评梅结识了这个今生的挚友，她信任她，依赖她，但凡有任何心事，她都愿意毫无保留地向她的"陆晶清"倾诉；在石评梅后来写给陆晶清的文章《梅花陆晶清》中，她将她们两个合称为"梅花陆晶清"，并在文中屡屡向陆晶清诉说她深藏于心底的情绪感受，可见她对这段友情的看重和珍视：

> 晶清：我很侥幸我能够在悲哀中，得到种比悲哀还要沉痛的安慰，我是欣喜地在漠漠的沙粒中，择出了血斑似的珍珠！这样梦境实现后，宇宙的一切，在我眼底蓦然间缩小，或许我能藏它在我生命的一页上。
>
> 生命虽然是倏忽的，但我已得到生命的一瞥灵光，人世纵然是虚幻的，但我已找到永存的不灭之花！
>
> 人间的事，每每是起因和结果，适得其反比，唯其我能

盛气庄容地误会我的朋友,才可由薄幕下渗透那藏在深处,不易揭示的血心!以后命运决定了:历史上的残痕,和这颗破缺的碎心。

三年前的一个夏天,我和梅影同坐在葡萄架下,望那白云的漂浮,听着溪流的音韵:当时的风景是极令人爱慕的。他提出个问题,让我猜他隐伏在深心内的希望和志愿;我不幸——都猜中之后,他不禁伏在案上啜泣了!在这样同心感动之下,他曾说过几句耐人思索的话:"敬爱的上帝!将神经的两端,一头给我,一头付你:纵然我们是被银幕隔绝了的朋友,永远是保持着这淡似水的友情,但我们在这宇宙中,你是金弦,我是玉琴,心波协和着波动,把人类都沉醉在这凄伤的音韵里。"是的,我们是解脱了上帝所赐予给一般庸众的圈套,我们只弹着这协和的音韵,在云头浮漂!但晶清:除了少数能了解的朋友,谁能不为了银幕的制度命运而诅咒呢?

文中提到的梅影(陆晶清笔名之一)就是陆晶清,在倾诉中掺杂着对往事的回忆,即使两人分隔两地,石评梅也会将这些所思所感写成文字——送寄到陆晶清的面前。

她们在这淡如水的友情中彼此倾听,彼此扶持,彼此爱护,在成就了一段友谊的佳话的同时,也成就了文坛的一段佳话。

时光尽管流逝,然而她们的友情却一直都在,"梅花陆晶清"就是这段友谊最好的见证。

庐隐和陆晶清各自以不同的方式爱护着石评梅,陪伴着石评梅,因为有她们的存在,她才不至于那么孤单、落寞。

在外求学的日子是清苦的，也是孤独的，但是志同道合的她们却能够苦中作乐，在共同的乐趣中畅谈人生，告别苦涩。

人生在世，遇到一个知己已经是万分的不容易。

然而，幸运如石评梅者，却能同时拥有两个生命中的挚友，她又怎能不由此而感到由衷的幸福呢？庐隐带给石评梅的是姐姐一般的温暖，陆晶清带给石评梅的则是妹妹一般的贴心，她们就像左右手一样，陪伴着她，守护着她，让她的生命因此美好而完满。

在师大的这一段时光，可以说是石评梅最开心的日子，每一天她都是如此幸福。爱情让她觉得甜蜜，友情令她感到温暖，远在千里之外的父母也在全心全意地爱着她；人世间最珍贵难得的情感，石评梅都同时拥有了，她的人生因为此时此刻的圆满而不再有任何缺憾。

时间要是能在这一刻定格该有多好！

可惜生命是一辆前行的列车，窗外的风景即使再美丽也无法与时间的流逝相抗衡；逝去的终将要逝去，但愿我们都能记得被时光淹没的过去的每一个动人瞬间。

初见君宇

在所有的遇见里，最能让石评梅感慨的，应该就是高君宇了吧！

石评梅和高君宇的缘分似乎在冥冥中就已经注定，即便离散在人群里，总有一天，他们也仍要相逢相遇。

在还未与石评梅认识之前，高君宇就早已经听说过石评梅的芳名，因为她的父亲曾是高君宇的老师，他常常听老师在人前提起自己的幼女，言语之中满是爱怜。

石评梅之前并不认识高君宇，但是也从父亲的口中多次听到过他的名字，因为她的父亲很看重高君宇这个学生，曾断言他以后必成大器。

后来吴天放带她去山西会馆参加同乡聚会，她才有机会与高君宇结识。

山西会馆在宣武门外，石评梅第一次跟吴天放去参加聚会就是在这里。

石评梅随着吴天放走进会馆的房间，第一眼就看到了站在人群中间的高君宇，他穿灰色的长袍，带黑色的眼镜，眉眼之间显出一种英豪之气。

石评梅扫了一眼房间里的其他人，有三两成群聊天说笑的，也有围坐一圈打牌下棋的，但聚集在高君宇身边的人都在他的引导下，议论着当下时事，时而激烈，时而冷峻，但每一个人都是认真的、积极的。

吴天放本想带石评梅去认识一下他的朋友，但她一进来就被高君宇的言谈举止给吸引了，便不愿意再走开。

吴天放也并不勉强她，就找了个位置让她坐下，自己则暂时走开去和老朋友们聊天叙旧。

坐在房间的角落里，听着高君宇满怀激情的演讲，石评梅的内心激动不已，她已经很久没有感受过这种进步的召唤了，是高君宇的言语将她潜藏在心底的理想热情再一次地点燃。这种想要将自己投入到进步事业中的强烈愿望，在经历过"五四"学潮的风波后，便缓缓沉寂下去。

而就在此时此刻，石评梅被高君宇的高谈阔论再一次所鼓舞，她在他的举手投足间看到了革命者应有的飒爽英姿和壮志豪情，也感受到了高君宇独特的个人魅力，因而对他很是敬仰。

在座的同乡都认识高君宇，从他们的口中，石评梅得知原来在去年的"五四"运动，高君宇就是引领几千名学生在天安门广场进行示威游行的组织者之一。

在去年的5月4日这天，正是高君宇带领着游行学生队伍冲到曹汝霖的住宅中，将藏匿其中的章宗祥狠狠地痛打了一顿，最后还一把火烧了赵家楼曹宅，许多人都为之拍手叫好。

高君宇不仅擅于用振奋人心的演讲来号召大家，而且在行动上也以身作则，任何时候都愿意带领大家往前冲，因而他在同学中间很有威望，在社会上也颇有名气。

高君宇出生于山西省静乐县（今娄烦县）的一个富裕家庭，年少时就显现出超出常人的智力和才能。1912年考入山西省第一中学，因才华出众，以"十八学士登瀛州"而享誉太原城。

高君宇从少年时代起就对社会政治问题非常关心，订购了《晨报》、《申报》、《康梁文钞》等进步书刊研读。1915年，他参加了反对袁世凯与日本签订丧权辱国的"二十一条"的斗争，捐款翻印"二十一条"全文广为散发，组织游行和街头演讲，声援蔡锷等人护国反袁斗争。

1916年，高君宇考入北京大学，在这里接受了新文化新思想的启蒙教育，很快便成为了学生运动的领袖，从此走上了革命的道路。

"十月革命"后，高君宇就经常和同学邓中夏、黄日葵、许德珩等聚集在李大钊的寓所，并与他们一起探讨马克思主义理论和"十月革命"的经验教训，以期从中找到改造中国社会的方法和出路。

1918年5月，他参加了反对北洋政府签订《中日共同防敌军事协定》活动，成为近代中国学生运动史上第一次公开的游行请愿活动。

"五四"运动时，高君宇作为北京大学学生会负责人之一，在他们领导的学生运动遭到反动军阀的镇压时，他不顾个人的生命危险，毅然担任了北京大学驻北京学生联合会的代表，领导爱国学生继续斗争。

为了进一步唤醒民众，高君宇于1919年10月加入了邓中夏主持的平民教育讲演团，并很快成为该团的主要骨干和领导成员。他和邓中夏等人一起，先在城市组织讲演，后又组织革命力量深入农村、工厂去进行演讲。

1920年3月，在李大钊的指导下，高君宇和邓中夏等19名北京大学的学生秘密组织成立了马克思学说研究会，这是我国最早研究和宣传马克思主义的团体之一。

一年多以后，该会在北大成为公开研究传播马克思主义的团体。

高君宇还和其他会员一起自筹资金，创办了一个附属该会的图书馆——"亢慕尼斋"。

在传播马克思主义的同时，高君宇十分注意工人运动。

他经常深入到工人中间去进行调查、讲演，以争取启发工人的觉悟。

他和邓中夏以长辛店为据点开展活动，在京汉铁路沿线创办工人子弟学校，建立工人俱乐部和职工联合会组织，领导北方早期的工人运动。

1921年10月，北京共产主义小组成立，高君宇是这个小组最早的成员之一。

他受小组的委托加紧筹建青年团组织，经过一个月的努力，组建了北京社会主义青年团，并当选为第一任书记。

不久，高君宇又被派到山西筹建社会主义青年团，经过他耐心细致的工作和部署，太原社会主义青年团于1921年5月1日成立。为了使太原社会主义青年团有一个宣传革命思想的阵地，高君宇和贺昌、王振翼等人改组了《平民周报》编辑部，改组后的《平民周报》在宣传马列主义、引导青年进行革命斗争方面起了重大作用。

彼时，坐在房间一角的石评梅并不知道高君宇在私底下还有这么多重要的身份，她认真而仔细地听着激情澎湃的演讲，内心里觉得他一定是一位进步的热血青年，因而不由得对他产生了更多的敬意和钦佩之情。

来北京之前，石评梅一直期望着自己能像高君宇一样，接受新文化新思想的启蒙教育，然后有机会投入到学生运动和进步的社会活动中去，然而却苦苦找不到出路。现在看到高君宇，听了他的讲演，石评梅忽然觉得她离自己的理想又近了一步，因为她觉得此刻的高君宇就是她以后学习的榜样、努力的方向。

等高君宇讲完话后，石评梅就趁机走到他身边与他攀谈起来。

两个人自报家门后，都不由得吃了一惊，而后都不禁哑然失笑了。

高君宇为人本来就耿直豪爽，一听说对面这个清秀脱俗的女生竟然就是自己老师的女儿，他就对石评梅更加热情了。

石评梅本来已经对高君宇十分敬仰了，在知道高君宇竟然是父亲的爱徒后，她对高君宇就有了更多的信赖。

石评梅向高君宇表达了自己的敬佩之心，并将自己潜藏在心底已久的理想告诉给了高君宇，希望他能帮助自己快速成长，甚至能像他一样去参加各种学生运动和社会活动。

高君宇在与石评梅交谈的过程中，发现她不仅是一个满腹才学的青年，而且更难得的是，她在思想上是进步的，在行动上也不愿落后；因而，他也极为愿意对她进行适当的开导，临走时，他将随身带着的几本《新青年》送给了石评梅，希望她有空多看看上面的文章而能有所启发。

自从二人相识后，他们之间就往来不断，而书信就是他们最常用的联系方式。

在信中，石评梅常常将自己近来的学习情况和思想状态告诉给高君宇，同时也会向他倾诉自己在学习过程中产生的疑惑和思想上的矛盾。

在不知不觉中，石评梅已经非常依赖高君宇了，随着对他了解的深入，她对他的崇敬也越来越深了。高君宇虽然忙于学业和学生活动等事务，但是无论多么繁忙，他总会抽空来看石评梅的信，每次给她的回信也很郑重、及时。

在高君宇的引导和帮助下，石评梅的思想进步得很快，她对中国现状和社会前景的认识也越来越清晰，并且在某些方面还常常会有自己独到的见解。

在石评梅的心中，高君宇既是她思想精神的导师，也是她的同路人，更是她的朋友，在与他的通信中，石评梅常常亲切地称他为君宇。

君宇：

同乡会分手之后，我感到很惆怅，烦闷永久张着乱丝搅乱着我春水似的平静。我宁愿历史的锤儿，永远压着柔懦的灵魂，从痛苦的瓶儿，倒泻着悲苦的眼泪。我只觉着我生存在地球上，并不是为着名誉金钱。我不积极的生，但也不消极的死。我只愿在我乐于生活的园内，觅些沙漠上不见的令名盛业。可惜，怕终究是昙花了。

你的言行无疑都是爱国的，你本人无疑也是令人敬仰的热血青年，希望能经常互相切磋。你借给我的几本《新青年》很有吸引力，道出了今天青年的心声。但是这些显然都是直接针对北洋政府的，无疑又都是危险的。我希望你不要整日疲于奔命于你的冒险事业，我只希望你自珍身体，免为朋友所悬念，有暇希望来校看我。

评梅

高君宇的生活是忙碌的，在学业之外，因为他还在校外身兼数职，因而常常奔波于各处，很少有轻闲的时候。

石评梅知道高君宇很忙，也知道他所从事的事业是有生命危险的，因而也不由得替他担着一份心。每次收到石评梅的来信，高君宇都是高兴的，他从信中得知石评梅的近况，也惊喜于她的思想短时间内的变化和进步。

每次看完信后，高君宇就会不由得陷入沉思，思绪也会跟着跳转到与石评梅在同乡会初次相见的情景中去。

在石评梅和高君宇的通信中，还是她给他写信的次数居多，高君宇长期忙于社会上的其他事务，因而在学校的时间总是很少。有时候因为忙于各处奔走，高君宇难以分身给石评梅回信，但是只要一有空暇时间，他还是会立刻给石评梅回复。

评梅：

信接着了。送上的小册子也接到了吗？

来信又言及你有"说不出的悲哀"，这恐怕是很普遍的重压在烦闷青年心中的一句话罢！因此我想：世界使人有悲哀，这世界是要换过了；所以我就决心来担负改造世界的责任了。这诚然是很大而烦难的工作，然而不这样，悲哀何时终了呢？我决心走我的路了，所以，对自己过去的悲哀，反而没有什么迫切的感受了。我相信：如果换一个制度，青年们在现社会享受的悲哀是免去的。所以，我要把我的意念和精力完全贯注在我要做的"改造"上去！

我断定你是现在世界桎梏下的呻吟者！"这是谁的罪"？——虚伪的社会！我们忍着在悲哀中了此一生吗？还是积极地起来粉碎这些桎梏呢？都是悲哀者，因悲哀而失望，便走上了消极不抗拒的路了；被悲哀而激起，来担当破灭悲哀原因的事业，就成了奋斗的人了。千里征途，就分判在这一点。评梅，你还是受制屈服命运之神呢？还是诉诸你自己的"力"呢？

愿你自信：你是很有力的，一切的不满意将由你自己的力量去粉碎！过渡的我们，很容易彷徨。但我们要往前抢着走，抢上前去迎接未来的文化罢！

君宇

因为有高君宇的开导和帮助，石评梅在思想上已经有了很大的进步，然而，她并没有因此觉得格外的开心和轻松。

当初她是抱着"以健康之精神，做伟大之事业"的决心和愿景奔向北京的，而现在，眼看时间过去了这么久，她还一事无成，没有将自己的抱负施展到自己想要从事的事业中去，这令石评梅感到焦急而又有些悲哀。

高君宇的回信给了石评梅很大的震撼和鼓舞，从他铿锵有力的字句中，她获得了前所未有的力量和勇气，心中积压已久的悲哀也似乎得到了某种舒缓。

尤其是高君宇信末的那句"但我们要往前抢着走，抢上前去迎接未来的文化罢！"似有神奇的魔力一般，让石评梅阴沉低迷的心绪如雨后初霁般，一下子就豁然开朗了。

中国共产党成立后，1922年1月，共产国际在莫斯科举行的远东各国共产党及民族革命团体第一次代表大会，高君宇作为中共代表之一，和张国焘、邓恩铭等代表一起远赴莫斯科参加会议。反动政府为了阻挠中国共产党参加这次重要的会议，在沿路设置了重重关卡和障碍，高君宇和其他代表历尽艰险终于到达了俄罗斯。

就在他们以为终于可以松一口气的时候，他们随身所带的路资却全部丢失了。

无奈之下，高君宇只得写信给自己的父亲，希望他能够予以资助。

高君宇的父亲在收到信后，马上汇了一笔钱给他，解了他的燃眉之急。

参加完莫斯科的国际会议，高君宇他们经过商量，决定不再按原路返回，因为北洋政府已经知道了他们的行程，势必会在路上对他们进行围追堵截，在这种情况下，他们想要顺利回国，怕是难上加难。

于是，他们一行人从巴黎、柏林绕道，最后经由海路回到了国内。

回国后，高君宇在上级的要求下，短暂地休息了一段时间。

在终于闲下来的时间里，高君宇将石评梅前段时间写给他的信又拿出来看了一遍，那清秀飘逸的字体，就像石评梅本人一样，让他有种莫名的心动。

只要一静下来，他脑海里就会不自觉地浮现出她那清纯可爱的模样，令他为之魂牵梦绕。

到了此刻，他才知道原来自己早已悄悄地喜欢上了她，而这种情愫是从何时萌芽的，他也并不知晓。

石评梅曾经在信中邀请过高君宇去学校看她，高君宇因为先前一直被事务缠身没有空去，现在好不容易有了闲暇，便决定去看看她。

石评梅从信中得知高君宇要来看望她，心里非常高兴，她早就想亲自和高君宇谈谈，希望他能对自己有所开导，也想借此机会多向他学习学习。

对于这次难得的见面，高君宇的心情实则是矛盾的。

一方面他知道石评梅是个进步的青年，只是苦于找不到前进的方向而有些迷茫惶惑，他很乐意当面对她加以引导，让她以后也能在进步事业中有所作为；另一方面，他去看望她，却是带着一份自己的私心的，但他知道她早已心有所属，因而他根本就没有了机会，心里不由得有些落寞。

去师大看望石评梅的这天，高君宇将自己着意地修饰了一番，笔挺严整的中山装，精心打理过的头发，令他整个人看起来精神抖擞、容光焕发。

快要到师大的时候，高君宇隔着远远的距离就看到了等在校门边上的石评梅，一年没见，她愈发娉婷秀丽了；在绿树红墙的背景下，她就像画中的女子一般，举手生香，顾盼留情。

高君宇就在这样的凝视中，一步步向石评梅走近，他的心也因为此刻的激动而快速跳动着。

见面后，高君宇将自己特意带给石评梅的几本进步书刊交给了她，也顺便问了问她近来的学习情况和思想状况。

这是石评梅第一次和高君宇单独见面，但是她并没有觉得陌生或尴尬，高君宇的问候温暖而真诚，他举手投足间表现出来的风度和胸襟，让石评梅觉得，能够交到这样的朋友，实在是她的运气。

高君宇将自己去莫斯科开会途中遇到的种种惊险和艰难讲述给石评梅听，也将自己从欧洲归来时的种种见闻向她详细描述了一番。石评梅在听的过程中，不仅为他们遇到的各种艰险捏了一把汗，而且也不由得对他丰富的人生经历羡慕不已。

高君宇知道石评梅内心的苦闷和惶惑，因而，在分别前，他还不忘用自己的亲身经历来鼓励石评梅，希望她能够早日摆脱束缚，走出彷徨。

高君宇的言语给了石评梅很大的鼓舞，也让她对未来充满了无尽的希望，这让她对他在敬佩之余，又不禁满怀感激。

良师益友难得，在石评梅的心里，高君宇既是她的良师也是她的益友，她为自己能够与高君宇相遇而感到万分幸运。

然而，单纯的石评梅却没有察觉到，高君宇看她的眼神已经有了微妙的变化，一切都在悄悄改变着，只是她不知道罢了。

第三章
无情不似多情苦

第三章

天台大師の時代

旧爱情断

时光的流逝最是不知不觉，等你惊觉过来的时候，早已是春去秋又来了。

石评梅看着书桌上的日历，旧的和新的摆在一起，三本简简单单的日历却象征着她来到北京的三载时光。

在这三年里，她不仅在学识上得到了明显的提升，而且在思想上也获得了长足的进步。

石评梅的变化是有目共睹的，寒假期间她回到家，父母和亲友们都惊异于现在这个迥然不同的她；她的精神更加昂扬向上，她的谈吐更加落落大方，她的学识也更加出类拔萃。

尤其是父亲石铭看到女儿的这些成长变化，心里异常高兴，脸上也禁不住堆满了笑容，人也跟着年轻了好几岁。

在家里过完了春节，石评梅便匆匆地赶回了北京，一来是因为学校开学早，她要回校报到；二来是因为她早已和吴天放约好，春节后要一起出去游玩。

此时的北京城还沉浸在春节的热闹气氛里，万物更新，处处都呈现出一派喜气祥和的景象。石评梅在北京城里过过春节的，她知道北京城热闹起来是格外与众不同的，也知道在这片繁华里还藏着离家在外的游子的眼泪。

她喜爱北京，但是却害怕这繁华背后的寂寞，谁叫她素来是个多愁善感的人呢！

回到北京后，石评梅每时每刻都在盼望着跟吴天放相见的日子，然而，眼看着约定的日子马上就要到了，吴天放还没有打电话过来告诉她约会的地点。石评梅等得有些心急，就自己打电话给吴天放，他告诉她最近有些忙，要过几天才能带她出去玩。石评梅虽然有些失落，但是她并不是那种不讲道理的女子，知道男子汉大丈夫还是应该以事业为重，所以也就没有再多说什么。

就这样又过了很长一段时间，吴天放还是没有来找石评梅，也没有给她打电话，石评梅这才开始有些不安。以前的日子，吴天放总是每隔一两天就会到她的学校来找她，电话几乎是天天都会打的，像现在这样长时间的不联系是从来也没有过的。

就在石评梅等得坐卧不安、心绪不定的时候，吴天放打电话过来了，他约石评梅下午出来见面。因为是临时决定的，石评梅刚好下午有事不能出去，于是就跟吴天放约定第二天下午再见面。

碰巧的是，那天下午，石评梅恰好又空出时间来了。

因为已经许久没有看见吴天放，石评梅心里甚是想念，于是她决定亲自去看他，顺便也想给他一个惊喜。没有事先给吴天放打电话，石评梅就兴冲冲地过去了。下午两点左右，石评梅到达了吴天放的寓所，她对这里早已是熟门熟路，因而没有敲门就径直走了进去。

石评梅没有想到的是，她的突然造访不仅没有给吴天放带来惊喜，反而让他万分惊慌。她看见他手足无措地站在她的面前，身旁还有一个少妇带着一个小男孩好奇地看着她，就在那一刹那时间都仿佛凝固了。

石评梅已经完全被眼前的这一幅景象给弄糊涂了，然而在内心深处她已经感觉到了不对劲。

最后，还是吴天放最先打破了这尴尬的僵持局面，同时也证实了石评梅心中那个最坏的预想。

他嗫嚅地介绍着："评梅，这是我的妻子和儿子。"

然后又回过头对着自己的妻子说："这是我的同学。"

石评梅站在咫尺之外，看着吴天放转瞬之间变化的嘴脸，竟觉得是如此的陌生，如此的可怜。

石评梅悲愤万分，心里忽然像被撕开了一个口子一般，汩汩地淌着鲜血，那样深刻的疼痛是她从来没有都体验过的。

尽管眼泪在那一刻已经不争气地涌了上来，但她还是紧紧咬住自己的嘴唇，死命地不让眼泪掉下来。

吴天放看着石评梅灰白的脸和紧蹙的双眉，愧疚地低下了自己的头，他在心里已经跟她说了一万遍的对不起，可是真正面对她的时候，他仍然还是没有勇气。

吴天放身旁的妻子早已明白了事情的本原，然而她在那一刻并没有表现出任何明显的情绪。石评梅不敢看他妻子的眼睛，她怕看到她眼睛里的轻蔑和讽刺，还有那眼神里的幽幽哀愁。

短暂的空白后，石评梅强撑起笑容，说自己还有事，改天再来拜访，便转身跑出了这个令她羞愧万分、悔恨不已的地方。

出门的那一刻，她忍了很久的眼泪就那么簌簌地掉了下来，汹涌得好似要将那么单薄瘦弱的她淹没了一般。

没过多久，吴天放在后面追了上来，石评梅听到他喊她的名字，依然是她熟悉的声音，但是她已经无法再像往昔那样回应他了。

石评梅一路小跑着往回走，她没有给吴天放解释的机会，事实上，一切也无需再解释什么。他已经有了妻室，那么她就算是做了第三者，这样卑污的罪名，她算是洗不清了。

石评梅痛恨吴天放的懦弱，然而更痛恨他的欺骗，她不敢相信自己一直以来如此珍视的爱情竟是建立在一场用花言巧语编织的谎言之上。

在爱情中最大的忌讳就是欺骗，而吴天放偏偏就犯了这最不可饶恕的错误，石评梅每每想起就觉得痛心不已，也下定了决心要斩断与他的这一段孽缘。

自从那日分手以后，吴天放就一直不停地给石评梅打电话，石评梅不接电话，他就接二连三地写信来求她的原谅。

在信中，吴天放告诉石评梅，他现在的妻子是他的父母强行指定给他的，他从一开始就不情愿，他并不爱她。

石评梅相信吴天放在这场旧式婚姻中是被迫的，她同情他，但是却不能原谅他的欺骗。

虽然痛苦万分，但石评梅一直没有给吴天放回信，她知道自己唯有冷漠才能让他彻底死心。然而吴天放并没有就此放弃，他还是坚持给石评梅写信，希望她能回心转意再给他一次机会。

到了最后，吴天放几乎是用了哀求的语气，他告诉石评梅他会创造条件，将来在北京和她建立自己的家庭，妻子住在老家，从此以后他们井水不犯河水。

石评梅看着吴天放这些荒唐无耻的言语，心里的悲伤也渐渐地变为了愤怒。

就算她再爱他，她也不可能像旧式的女子那样与他人共享一夫，她也不可能为了自己的幸福就随意地去破坏别人的家庭。

她从箱底翻出三年来他们来往交流的信件，将它们一一整理好，准备归还给吴天放，从此以后，他们就真的是两清了。在这场分手的闹剧中，石评梅已经将吴天放这个人彻彻底底、明明白白地看清楚，这样的人不值得她去爱，所以分手的时候，她表现得很决绝。

转身利落，然而这倔强背后的点点苦涩和心酸，却只有石评梅自己才知道。与吴天放分手后，石评梅很久都没有从这场让她耗尽心力的悲伤中走出来，因而她的心绪一直很低落消沉。

关于这场失恋，石评梅没有过多地提及过，然而她的文字却无法掩饰她彼时的心情，在她的日记中就有这样的一段记述：

> 我只是在空寂中生活着，我一腔热血，四周环以泥泽的冰块，使我的心感到凄寒，感到无情。我的心哀哀地哭了！我为了寒冷之气候也病了。
>
> 这几天离开了纷扰的环境，独自睡在这静寂的斗室中，默望着窗外的积雪，忽然想到人生的究竟，我真不能解答，除了死。火炉中熊熊发光的火花，我看着它烧成一堆灰烬，它曾给与我的温热是和灰烬一样逝去；朝阳照上窗纱，我看着西沉到夜幕下，它曾给与我的光明是和落日一样逝去。人们呢，劳动着，奔忙着，从起来一直睡下，由梦中醒来又入了梦中，由少年到老年，由生到死？人生的究竟不知是什么？我病了，病中觉得什么都令人起了怀疑。
>
> 青年人的养料唯一是爱，然而我第一便怀疑爱，我更讪

笑人们口头笔尖那些诱人昏醉的麻剂。我都见过了，甜蜜，失恋，海誓山盟，生死同命；怀疑的结果，我觉得这一套都是骗，自然不仅骗别人连自己的灵魂也在内。宇宙一大骗局。或者也许是为了骗吧，人间才有一时的幸福和刹那的欢欣，而不是永久悲苦和悲惨！

我的心应该信仰什么？宇宙没有一件永久不变的东西。我只好求之于空寂。因为空寂是永久不变的，永久可以在幻望中安慰你自己的。

曾经以为的长相陪伴和海誓山盟，到头来却是一场幻梦。

在这样一个孤寂伤心的夜里，让石评梅不禁悔恨当初的自己太傻，也太过天真。三年的感情说没就没了，那些曾经的点滴回忆却依然反复地在脑海里浮现着，石评梅留恋过去的种种美好，也因为此刻的悲伤而痛苦万分。在这一场致命的打击里，她病倒了，也绝望了。

因为这一场感情的骗局，她搭送了自己的青春，也陪葬了自己的爱情，从此以后，石评梅决意不再相信爱，不再相信那永恒不变的真心。心灰意冷的她对自己的感情已经没有了任何希冀，她只相信空寂，笃定唯有空寂才能让她远离这爱的苦痛。

石评梅病了很长一段时间，与其说她是因身体不适而病倒的，还不如说是因为她自己的心病。

借着这场突如其来的病，石评梅才得以将感情上的诸多伤痛隐藏起来，她不愿意将这段不堪的往事公之于众，于是她只能独自咽下所有的悲苦。

庐隐和陆晶清是在第一时间知道这件事的，对于自己的隐私，石评梅向来是不会瞒着她们的。

从她和吴天放交往伊始，她们就知道，然而与石评梅一样，她们没有料到这场感情的结局最终竟会是这样。

看着石评梅整天缠绵于病榻，情绪也异常的低落，庐隐和陆晶清虽然有心想劝她，却不知道怎么开口才好。

陆晶清向来活泼，为了让石评梅高兴起来，她每天都竭力地编着笑话来逗石评梅，然而效果却并不大。

庐隐也以大姐姐的身份来试着安慰她，石评梅虽然感激她的悉心开导，然而有些事情并不是说看开就能看开的，唯有感同身受过才能知道这个中的千般滋味、万种哀愁，就像石评梅后来在写给自己的同学婧君的信中所安慰的那般：

婧君！我哭你同时也是哭我自己，我伤感你同时也是伤感我自己。世界上唯有同在一种苦痛下的呻吟能应和，同在一种烦闷下的心情能相怜，因之，我今天听了你那披肝沥胆的心腹之谈，真令我惨然泫然，不知涕零之何从？

我如今已是情场逃囚，静乐多少苦痛才超拔得出的沉溺者，想当年，我也是像你一样骄傲着自己的青春和爱情，而不愿轻易施与和抛掷的。那料到爱情偏是盲目的小儿，我们又是在这种新旧嬗替时代，可怜我们便做了制度下的牺牲者。心上插着利剑，剑头上一面是情，一面是理，一直任它深刺在心底鲜血流到身边时，我们辗转哀泣在血泊中而不能逃逸。婧君！我六载京华，梦醒后只添了无限惆怅！徒令死者抱恨，生者含悲，一缕天真纯洁的爱丝，纠结成一团不可纷解的愁云；在这阴暗惨淡的愁云下，青春和爱情逝去了永无踪影。幸如今我已艰险备尝，人世经历既多，情感亦戕残无余，觉往事虽属恨憾，然宇宙为缺陷的宇宙，我又何力能补填此茫茫无涯之缺陷？

这种释怀和淡然也是在时隔几年之后，石评梅才有的心境，然而这一路的心酸和煎熬也只有她自己才知道罢了！她最珍视的初恋，她最在乎的那个人，在一瞬间就烟消云散、往事成风，她抓不住，也无力抓住。

三年的时间毕竟足够长，长到石评梅曾经以为会这样跟吴天放一直走下去，然而，后来她才知道永恒这件事原来也是有变数的，就像她跟他的这场爱情一样，说结束便结束了。

从此以后，在感情上她多了怀疑，不再相信那"执子之手，与子偕老"的空幻诺言，内心虽然获得了一时的平静，可是也害苦了她自己。

病情稍稍有了好转后，石评梅一个人走在初夏的校园里，看着满园的姹紫嫣红，心里却如深秋一般枯黄满地。很多同学已经开始离校，有的已经去工作了，在师大学习的时光也马上就要结束。

毕业在即，旧伤加上新愁，石评梅一时竟觉得前程渺茫，万事都成了蹉跎，心里万分的难过，眼泪又不知不觉地泛上了眼眶。

想当初，石评梅跟庐隐刚刚相识时，庐隐觉得她是个多愁善感的人，感时溅泪，恨别惊心，实在像极了《红楼梦》里那个满腹才情却又楚楚可怜的林黛玉，因而就为她取了个别名叫"颦儿"。

时隔几年，没想到庐隐当年的一句玩笑竟一语成谶，石评梅觉得自己就如林黛玉一般，终究是个苦情薄命的人。

唯一的不同，便是林黛玉还有一个始终用真心来对她的贾宝玉，而她呢，却只有一个用谎言来欺骗她的负心郎。

春色虽好，然而景与情却实在是相差太远，石评梅本来想出来散散心，然而这良辰美景、满园红绿却让她忍不住想起了物是人非的点点伤心，因而那原本就凄怆的心更觉戚戚了。

这移步换景中的心绪变化，这往事前程的轮番相逼，让石评梅深觉俗世红尘的漠然无情，因而就索性把一切都看得淡然了。

相识相知

高君宇从莫斯科回来后,之后曾约石评梅去北京南郊的陶然亭散过步。陶然亭建于清朝,是中国四大历史名亭之一。

因为唐代诗人白居易有诗云:"更待菊黄家酿熟,与君一醉一陶然。"陶然亭中的"陶然"二字便是源于此句。

陶然亭三面临湖,东与中央岛揽翠亭对景,北与窑台隔湖相望,西与精巧的云绘楼、清音阁相望。湖面轻舟荡漾,莲花朵朵,微风拂面,令人神情陶然。

这座小亭颇受文人墨客的青睐,被誉为"周侯藉卉之所,右军修禊之地",更被全国各地来京的文人视为必游之地。清代两百余年间,此亭享誉经久,长盛不衰,成为都中一胜。

高君宇因为经常和自己的革命同志在这里聚会,一起商议各种要事和策划相应的活动,所以他对陶然亭有一种特别的感情。

这里是他们谋划新中国之未来的福地,也是他与石评梅相识相知的最好见证。

就是在这里,高君宇一步一步走近了石评梅;也是在这里,石评梅能够畅所欲言地向他抒发自己心中的苦闷,也在他的指引和开导下,使自己的思想得到了洗涤和升华。

1922年9月，也就是在高君宇回国几个月后，根据党的西湖特别会议的决议，党中央机关刊物《向导》正式出版，高君宇任该刊编辑兼记者，以后还担任了北方区党委机关刊物《政治生活》的编辑。

这之后，高君宇又投入到紧张的革命工作中去了，与石评梅见面的机会少之又少，但是无论多忙，石评梅的信他还是会抽时间看，只要有空闲就会立刻给她回信。

1923年2月，爆发了京汉铁路工人大罢工。高君宇等受党的委派，领导长辛店工人同反动军阀进行了不屈不挠的斗争。

2月7日，直系军阀对工人进行了野蛮的大屠杀，高君宇镇定机警毫不畏缩，仍然四处奔走处理惨案的善后工作。

他怀着对军阀的无比愤慨，不仅撰写了抨击军阀统治的文章，而且和罗章龙编写了《京汉工人流血记》一书，由他作题为《工人需要一个政党》的后序，号召工人在党领导下继续同军阀进行斗争。

就是在这不长不短的时间里，石评梅的感情遭到了重创，一直处于愁闷凄苦的状态里，因而也就很少给高君宇写信。

高君宇虽然觉得有些不对劲，但是因为公务繁忙，他也没有去信向石评梅问个究竟。

等到他忙完手上的工作，回到北京，顾不上休息，他便奔向师大去找石评梅。

对于高君宇的突然来访，石评梅根本没有任何预料，因而有些情绪还是没有来得及掩藏，她脸上的憔悴依然是明显的。

高君宇看着眼前的石评梅，也不免暗暗地吃了一惊，与上次见面相比，她不仅消瘦了许多，而且整个人都呈现出一种萎靡的精神状态，这让他有些担忧，也有些心疼。

为了让石评梅高兴起来，高君宇提议说要请她去"来今雨轩"吃饭，他知道她十分喜欢吃那里的白菊花面。石评梅并没有像以往那般给以热烈的回应，她只是淡然一笑表示应允，因为她不想辜负高君宇的一片好心。

高君宇在饭桌上给石评梅讲各种有趣的见闻，然而石评梅总是提不起兴趣，吃白菊花面的心情，她是早就没有了。高君宇将这一切都默默地看在了眼里，他知道在他离开的这段时间里，一定发生了什么事让她难以释怀。

然而石评梅不愿意说，他也不会主动去碰她的伤疤，他理解她，也尊重她。

以后每逢有空闲的时候，高君宇就会邀请石评梅出来散心，他们最常去的地方便是陶然亭。他们一起聆听过晨钟暮鼓中的陶然亭，一起感受过艳阳高照的陶然亭，也一起欣赏过晚霞暮霭中的陶然亭；他们高谈阔论，对酒当歌，那些生命中的破碎在那些时刻似乎都得到完满。

石评梅很感谢高君宇为她做的这一切，也很庆幸有他来陪她走过人生中这一低谷。

在湖光山色的抚慰下，在高君宇真诚的言语里，石评梅渐渐地打开了心怀，向他倾吐了被自己压抑了许久的心事。

高君宇听着石评梅的倾诉，内心里久久不能平静，因为她的伤心事也恰好勾起了他对自身境遇的感慨。原来在高君宇 18 岁那年，他的父亲高配天便为他选定了同村的一名女子做他的妻子。

高君宇得知后，竭力反抗，然而他的父亲一直以来都是说一不二的人，在家庭事务中向来是很专断的，因而并没有理会他的反对。

新婚当日，高君宇誓死都不肯穿上新郎礼服，无论他的父亲怎么义正词严、苦口婆心地劝说，他就是坚决不从，结果他的父亲被他气得当场昏厥过去。

高君宇虽然反对这场包办婚姻，然而无奈他又是一个孝子，他怕父亲再动气伤了身体，最后不得不妥协地穿上礼服。

行过礼，拜过堂后，一对新人被送进洞房。

高君宇看着自己身旁这个无比陌生的女子，想着自己虽然力主婚姻自由，到最后却连自己的婚姻都不能自主，越想越觉得自己的可怜悲哀，一时气急攻心，竟然口吐鲜血，此后便一直卧床不起。

高配天虽然强迫儿子按自己的意愿成婚，但是他一心还是想着要为他好，如今看到儿子整天病病殃殃的，他的心里也很不好受。

虽然经过一段时间的静心调养，高君宇的身体已经有所好转，然而他的心情却很糟。

为了尽早逃离这个令他心烦的家，他得到父亲的允许，只身去了太原。

来到太原后，高君宇几乎没有再回过家，他几次写信请求父亲让他结束这段不幸的婚姻，可是都被断然拒绝了。后来，高君宇凭着自己的努力考上了北京大学，他知道说服父亲同意他的请求已经希望渺茫，他就索性不再提及，但也不愿意再回到那个令他感到窒息的家。

高君宇本不想再向外人提起这一段难堪的往事，但是听完石评梅的哭诉，他觉得应该将自己的过去清楚而诚实地向她袒露。

高君宇虽然十分喜欢石评梅，但他并不想就此乘虚而入，只是希望在他们的关系里从一开始就不要有任何的隐瞒，因为他不想再让她受到任何的伤害。

当然，不可否认，高君宇对于他和石评梅的未来是抱有期待的，他希望自己的真心真意在某一天可以打动她，唤醒她，让她甘心情愿地投入他的怀抱。

如果真有那一天，他会好好地珍惜她，不会再让她重蹈覆辙，也不会再让她受一点伤害，流一滴眼泪。

高君宇虽然为石评梅现在的遭遇感到痛惜，但是他坚信自己以后能给她更好的未来，因而也不免有些许的宽慰。

然而，高君宇没想到的是，石评梅经过他的劝慰和开导，虽然在心绪上有了很大的改观，但是在她的心里早已经对爱情绝望了，也不再对感情抱有任何奢望和幻想。在她写给庐隐的文章《露沙》中，她就曾将自己的想法向庐隐披露：

> 我自然还是那样屏绝外缘，自谋清净，虽竭力规避尘世，但也不见得不坠落人间；将来我计划着有两条路走，现暂不告你，你猜想一下如何？
>
> 从前我常笑你那句"我一生游戏人间，想不到人间反游戏了我"。如今才领略了这种含满血泪的诉述。我正在解脱着一种系缚，结果虽不可预知，但情景之悲惨，已揭露了大半，暗示了我悠远的恐惧。不过，露沙！我已经在心田上生

根的信念，是此身虽朽，而此志不变的；我的血脉莫有停止，我和情感的决斗没有了结，自知误己误人，但愚顽的我，已对我灵魂宣誓过这样去做。

高君宇并没有将自己的心思向石评梅表白，他知道经历过一场悲怆的感情变故，她需要足够的时间来理清自己的思绪。

时间是最好的解药，高君宇愿意等，也愿意陪着石评梅一起从这场情伤中慢慢复原。

在高君宇的温暖陪伴和细心呵护下，石评梅渐渐地从阴霾中走出来，她的心情开朗了不少，也经常跟高君宇去陶然亭交流思想，谈论抱负。

有一次，高君宇和自己的同伴约好在陶然亭见面，当天他将石评梅也带去了。

到了那里，他向石评梅一一介绍了在座的诸位：邓中夏、史文彬、葛树贵等，石评梅听高君宇介绍后才知道，原来这几位都是当时的革命进步人士。

石评梅激动地和他们一一握手，并且也向他们表达了自己的敬仰之情，那是她第一次觉得自己和革命事业如此靠近。

因为石评梅在许多报纸刊物上发表过文章，而且在她的文章中宣扬了一种正义乐观的精神，因而在座的几位中也有人是听过她的名字，甚至是看过她的文章的，因而他们对于她也很是尊敬。一一落座后，石评梅坐在一旁，听高君宇和他们一起讨论时事，分析革命形势，从他们激昂又理智的言语中，石评梅得到了很多启发，也对国内的社会形势有了更清晰的认识。

和高君宇在陶然亭畔相伴相知的时光是轻松快乐的，在那些时光里，石评梅已经从个人的伤痛中逐渐走了出来。

在高君宇的引导和鼓舞下，她又开始像往昔那样关注社会动态，立志投身到进步事业中去。

在这期间，石评梅因为有感于北洋政府的反动统治和社会的种种黑暗，开始大量写作散文和新诗，其中诗歌《罪恶之迹》便是她在1923年4月发表在《晨报副刊》上的：

> 同情之泪呵，
> 我不禁为人类而洒！
> 罪恶之迹啊，
> 我不禁为人类而悲！
> 压在心尖上的雁儿，
> 终于为了宣传正义，
> 飞在空中狂呼了！
> 浓浓的花阴下，
> 密密的草地上，
> 我常看你为了人生沉吟着！
> 墨云似的发披肩；
> 新月似的眉如画；
> 在春之园里，
> 你宛然像一支向阳玫瑰花。
> 我傍着花慢慢地走过去，
> 恐怕我的裙角，
> 飞吓你的幽思；

心中蓄满了的爱慕和敬仰，
　　只可在我的灵府供养，
　　不愿在你面前张扬。
　　为了创造新文化，
　　为了建设新国家，
　　为了警觉沉睡的同胞，
　　为了领导迷途的朋友，
　　我情愿伏在你的裙下，
　　求仁爱的上帝挈助你。
　　……

　　整首诗都围绕着中国的现状和时代的弊端而展开抒发，在字句中渗透石评梅对罪恶的旧制度及反动统治的痛恨，也表露了她想要参与到"创造新文化，建设新国家"的进步事业中去的决心。

　　这首诗明显不同于石评梅之前的创作风格，诗句里虽然仍不免有些伤感的情绪流露，然而那正义的控诉和对罪恶的诅咒，却显现出刚强的姿态和凛然的气度，令人读之不免肃然起敬，也在不知不觉间被感染了。

　　高君宇很喜欢石评梅的这首诗，在诗中他看到了她的蜕变，也感觉到了她的进步，因而他为她感到由衷的高兴。石评梅很感激高君宇对她的帮助，也很信赖他，每次写完一篇文章或一首诗，她也会先让他看看，他的意见她向来是很愿意听的。

　　高君宇很乐意借着这样的机会与石评梅在一起，跟她在一起的任何时刻，哪怕就是互相沉默着，他也是开心的。只要她在他身边，他就觉得格外满足，也格外幸福。

高君宇何尝不知道落花有意，而流水无情，石评梅待他仅仅只是朋友之谊，更何况她才刚刚结束了一段伤心的恋情，一时间更不可能再去接受他。

然而高君宇早已经认定了石评梅，除她之外，今生今世他再无可能将自己的一颗心交给其他人。他知道石评梅还需要时间，也知道等待的过程或许会很漫长，但是他不在乎，因为他相信来日方长。

旅行游记

师大的5月是离人的5月，越靠近6月，别离的日子就越近。

那暮春时节的残花浓绿好像也在映衬着这样的氛围似的，勃勃的生机里竟然也像带着满怀的愁情一般，让即将离校远去的学子们禁不住也落下了离别的伤心泪。

石评梅坐在自己的课桌上，看着烈日下的天空和天空下的校园，不觉间也陷入了沉思。

她的手里拿着一支已经快要枯萎的牡丹，花的香味已经淡然，但她还是把花朵靠近鼻尖轻轻嗅着，眼睛却看着窗外发起呆来。

她的桌上堆着她几件简单的行李——一个帆布箱，一只手提皮夹，一条绒毯，还有窗台上的一把洋伞，不只是她，其他同学的桌子上都零落地摆着她们的行李。

此刻，她们都静静地坐在那里，或发呆，或看书，或沉思，各自都沉浸在自己的世界里。她们不是准备马上离校，而是准备出发去旅行。

毕业旅行是师大历来的传统，在毕业之际，组织毕业生参加旅行，算是师大留给历届学生们最后的回忆。

石评梅被分在第二组国内旅行团中，于5月21日出发，与她同行的是体育系的12名同学，此外还有博物系的14名同学。

她们预定是十点钟从学校到车站去，现在时间尚早，所以大家都坐在教室里等着。

因为毕业在即，离别的情绪不断传染蔓延，虽说是出发去旅行，但是大家都显得异常沉闷。正在石评梅百无聊赖之际，她的好朋友瘦梅来找她一起去跟国文部的同乡辞行，她也就跟着她去了。一路上，瘦梅都在叮嘱她旅行的相关事宜和应当注意的地方，在她的言语里，石评梅已经听出了几分酸意，连眼圈都微微地有些泛红。

石评梅知道她舍不得她，她也是同样的，然而分别已经是迟早的事，她还是忍住了自己的情绪，因为她不想和瘦梅最后以眼泪告别。临走时，石评梅将自己需要托付给瘦梅的事告诉了她，瘦梅会意地点点头，两个人互相看了对方一眼，便挥手离开了。

十点多钟，石评梅和一起旅行的同学坐上了事先雇好的洋车，一大队人马便浩浩荡荡地向车站出发了。因为一起出行的人数众多，所以从街上经过的时候，有很多的行人驻足观望。

到了车站，石评梅和同学们一起把行李安置好，就将一面白绸三角形的旗子插在了她们车厢的车门上，旗面上写着"女高师旅行团"六个蓝色字。

石评梅坐到自己的位子上，看着窗外的月台上站着许多前来送行的人，其中就有她的好友瘦梅。瘦梅安静地站在那里，眼睛盯着她们的火车出神，石评梅向她微笑致意，她也刚好抬起面孔苦涩地回应了一个微笑给她，在这淡淡的一笑里，她们的思想便心照不宣地连通了。

没过一会儿，车站上便响起了叮当声，这是火车启程的预警。车站里原本鼎沸的人声都在这一刻沉寂下来，离别的伤楚让所有人都没有了言语，只有那眼神和眼神之间的不舍，还有那心里默默流淌的眼泪。石评梅看着这偌大的京汉车站，站满的几乎全是师大前来送行的同学，每个人的表情都是如此的悲伤，如此的苦涩。就在火车的汽笛最后一次鸣叫的时候，石评梅看到来送竹雅的懿徽终于忍不住放声大哭起来，此情此景也不免感染了她，她不禁也为她们落下了同情的眼泪。

这样宏大而动人的场面，深深地触动着石评梅，为此，她专门写了《车站上的离人泪》来记录这离别的伤感画面：

> 车慢慢地蠕动着！我同送行的同学都握别了；"前途珍重"的微细悲颤的小声音，都从那愁幕铺张的面孔表现出，不能不领着这微微弱的心无悲哀的洞里去。白帕渐渐隐在树荫里了！火车的速度也增加了，她们的心魂大概都追随着辗转在车轮下，但这无情的车轮已飞驰电捷，载着我们去了。只留得车外几行杨柳，隐约在两边窗外飞度；茫茫的一片青田，送来一阵香花的馨味；我们几双泪眼望了望，都默默地坐下。竹雅依然在哭泣，许多人都安慰不了，车里都薄薄罩着一层愁幕。我把绒毯铺好，睡下闭着眼回想那一幕画面，不知不觉地又笑起来，痴呆的人类呵！沉醉的朋友啊！这又何苦来，只不过一月的离别罢了；就是从此永别，也是人生的解脱；又何苦作着无味的悲泣呢？不过这是事后的心理，当那时候，我知道谁也莫有那样不动于衷的勇气吧？

就这样沉寂了约一个钟头，同学们的离别情绪也渐渐地得到了舒缓，有几位同学将装食物的匣子搬出来找东西吃。

车厢内因为这窸窸窣窣的声响和间或的说话声，而有了一些生机，空气也不再像之间那般沉闷。

没过多久，到了保定，车子停了，有很多同学纷纷下车去买熏鸡。

孝颜同子赫的母亲知道她们路过这里，所以特地赶来看她们。石评梅坐在车窗边，看着她们那种浓厚的母女之爱，就不由得想起了自己慈爱的母亲。想到自己漂泊在外，与母亲相隔千里万里，不能得到她的安慰，石评梅的心里就有些感伤。

短暂的停留后，车子又开动了，在两旁种着杨柳的轨道中，车子风驰电掣地移动。

石评梅在青山、茂林和闲云的视野中，忽然想起在旅行之前，她的父亲不愿意让她受这万里长途的旅程之苦，曾想让她选第三条路线去青岛，旅程轻松，距离也近。

然而，石评梅最终还是选择离开软红十丈的北京，南下万里，去看那自己从未体验过的南国景象，去做那天涯的一只孤鸿。

在车子不间断地飞驰中，暮色也渐渐地笼罩了大地，西天的晚霞还没有褪去，空气中弥漫着初夏热气里蒸腾的清新的花草香。石评梅伏在车窗边，看着日落西山的晚景，感受着晚风的轻拂，竟不知不觉间也融化在了这自然的画面中。

在逐渐暗下来的夜幕中，那一轮西沉的红日散发出血红的颜色，那一片广漠的大地，也因为这绝美的景色而微微沉醉了，只有鸟儿归巢的鸣叫声在夜色中零星响起。

夜静谧极了，石评梅爱这难得的宁静，就同孝琪、宝珍坐在车门外的铁栏前，默默地欣赏那最沉静幽暗的夜景。

火车在夜色中疾驰而过，除了天上的几颗孤星外，外面的景色已经看不清，只有原野里间或闪烁的磷火和飞舞的萤火虫，还能因着微弱的光亮而模糊地看见。

耳边响起松林伴着悲风的怒号，夜已经深了，她感受到了那更深露重的凄寒，遂起身向自己的同伴道了晚安，然后就走进了车厢里。

石评梅走进包车，看到多半的同学都已经睡下了，只有一盏半明半暗的电灯随着火车的行进而颠簸摇曳着。

她走到自己的位置将毯子铺好，然后也蜷伏着躺了下去，希望能在梦中忘掉这现实的种种逼仄和烦恼。然而，无论怎么努力，她还是不能安然入睡，那些往事在这沉静的夜里总是不断地侵袭着她，令她辗转反侧，难以成眠。无意中一伸手，石评梅碰到了早晨出发前包在手绢里的那朵牡丹花，于是将它取出来看；在昏暗的灯光下，花朵更显憔悴，已然成了一团枯瓣，石评梅触景生情，不由得落下泪来，并作诗以表纪念：

当那翠影摇曳窗上。
红烛辉映雪帐的时候！
美丽的花儿啊！
你在我碧玉的瓶中住宿，
伴着我检点书囊。
静软的夜幕下，
星光黯淡，
月色洁蒙，
我的心陷在悲哀的海里，

猛想到案头的鲜花,

慰我万千愁怀。

"哭花无语泪自挥"。(注:我的旧诗〈哭落花〉中之一句)

在你轻巧的花瓣上,

染遍了模糊泪迹;

可爱的花儿啊!

你的"爱"我已经深印了,

魂啊!你放心地归去。

幻景中的驻留啊!

抛不下的帘影月痕,

茜窗檀几,

将常常印着你的余痕;

我将展开命运的影片,

把你作了我身后的背景。

花魂呵!静静地睡去吧!

明年今日在花丛里,

我们再会啊!

一夜恍惚,醒来的时候,石评梅听车上的茶房说:黄河桥到了。

她闻声便起床走到窗边一看,天色已渐渐明亮,隐约中能看见江南的青山绿水了。石评梅第一次下江南,因而猛然间看着这南方的山水美景,不觉得惊喜万分,于是就拿出纸笔来给父亲写信,想让他也能通过她的文字来与她一起感受这温润秀美的南国景象。

火车很快就要到汉口了，期间同学们都异常地兴奋，石评梅也一样。

到了车站，师大体育系的前教授鲁也参先生亲自来接她们，他现在是武高的教育主任。

前来接待的人员将她们的行李雇人送过江去，石评梅和同学们一起随着学校的领导员艾一情先生到六码头去坐渡船。从汉阳门下船乘洋车至洪兴街女师范，一路上石评梅看到了许多以前不曾看到过的风景，领略了武汉街市的繁荣景象，感觉到很是新鲜。

到了学校，女师范的新校长在应接室接待了她们。应接室的房间陈设颇为古雅，她们坐在太师椅上，喝着清香的龙井茶，觉得连日来在火车上的劳顿都在这片刻的舒适惬意中得到了缓解和安慰。休息过后，学校里的接待人员便领着她们去了住宿休息的地方，一共安排了20间房，她们两系分开住刚刚好。石评梅安放好自己的行李，出来站在楼上扶栏一望，绿竹翠柳环绕，绿茵成片，鸟语花香，风景甚是殊丽。

第二天，艾一情先生带着师大的同学们参观女师范。石评梅曾在报纸上看到过关于湖北女师闹风潮的事件，也知道此事不仅对学生而且对学校都有一定的影响，但是一路参观下来，看到女师范在对学生的教授管理方面已初具规模，班制的设定也很合理，学生的精神风貌都很活泼昂扬，因而她对女师范的教育现状也还算满意，对于师范学校的未来也充满着信心。

参观完女师范本校，她们还顺便去附小转了转，附小就在女师范的前院，走过去很是便利。在附小简单地看了看，她们一行便出了女师范，来到了武昌高师附中，参观了附中新建的校舍。

因为武昌高师的附中和附小是于1915年时合并在一起的，

1918年时不小心失了火，楼房被焚遭到破坏，在1919年才得以重新修建起来。因为这些校舍不太适合小学，所以在1920年实行分居，但因学校经费一直不到位，直至1922年才集好款项开始着手重建事宜，现在仍在修建中。

参观完学校后，武高学生会邀请师大的同学在学校大礼堂参加欢迎会，并为她们精心准备了各种茶点。大礼堂建在蛇山上，由上往下看，山下的所有景象都尽收眼底，很是壮观。石评梅和同学们走进大礼堂，看见里面已经黑压压地站着许多人，都在拍手欢迎她们的到来。

武高学生会的主席上台做了欢迎致辞，另外也有其他几位武高的学生代表上台发言，气氛很热烈。石评梅当时担任着师大旅行团的"交际"一职，因而致答辞便成了她不容推辞的任务，所以也只得上去做了一番演讲。虽然石评梅有些紧张，但是演讲还是顺利地进行下来，结束后，台下的同学都给以了热烈的掌声。

经过几天的参观和考察，石评梅对湖北的教育有了大致的了解，从中她也有了一些自己的启发和感想，就像她在《湖北的教育》中所说的那样：

> 总结起来说湖北的教育，环境非常恶劣，上等有力的社会中坚人物，他视教育是无足轻重，可有可无。所以湖北的小学教育，异常的不发达！路上失学的儿童举目皆是，全省小学教育不到二十处，只有五千就学的儿童，失学的儿童有五万之多。我们在路上常常能听到诗云子曰的朗诵声，私塾多于小学有数倍。凡上等社会科长秘书等类的子弟，大概都不准入学，仅会写自己的一个名字，往往有十五六岁而不懂

加减乘除，仅能临帖、做八股。这是何等的可怜啊！所以我认为湖北现在需要的是小学教育，实行普及的方法和救济一般贫穷失学儿童，只有广设平民学校是唯一的妙谛，我很希望中学和中学以上的学校，努力做这种事业去。三四天的形式上的参观，如何能看到教育上的利弊，但这一点意见我观察的结果，觉着是很急需的！官厅既不可靠，那么，我们青年应该努力地做去。

接下来的几天，师大学生团游玩武昌的诸多名胜，因为天公作美，那几天的天气很好，万里碧空，千朵彩云，同学们的心情也随着这明媚的天气而兴奋起来。

师大参观团一路徐行，从莲池、鄂园再到抱冰堂，沿途的景色都美不胜收。师大同学印象最深刻的应该算是抱冰堂了，绿树葱茏中，隐隐地现出红绯娇白和雕梁画栋，惠风轻拂中，似有暗香浮动。抱冰堂的大厅墙壁上悬挂着古画对联，中间放着两个高约四尺的古董花瓶，过去很多文人雅士都喜欢来这里聚会。

抱冰堂的"抱冰"二字是总督张之洞的别号，鄂人感念张之洞在湖北任职时的盛德，遂建此堂为公生祠，以作纪念。此外，石评梅还和同学们一起游玩了十桂堂、黄鹤楼、张公祠、奥略楼、吕祖庙等名胜景点，一路下来，也还颇能尽兴。

5月26号，师大旅行团乘着汉阳兵工厂的武胜轮破浪前行，一路上烟波浩渺，芳草碧树，物换景移，石评梅触景生情，不禁想起了盛唐诗人崔颢《黄鹤楼》中的诗句："晴川历历汉阳树，芳草萋萋鹦鹉洲。日暮乡关何处是？烟波江上使人愁。"

武胜轮抵岸后，师大学生参观了汉阳兵工分厂、磨棉厂、汽炉房、马力房、拌药房、切药新厂、压药新厂、矿炉房等，她们从上午9点一直参观到中午12点多，一路上烈日炎炎，很是辛苦。

参观完各个厂房后，她们一行又返回总厂的会客厅，督办设了盛宴来招待她们。

在这中间，还发生了一件石评梅觉得十分有趣的事。

督办的母亲杨老夫人，对她们的这次旅行很是惊诧，在她心里仍以为闺阁小姐是闭门不出的，因而对于她们这些女学生竟然能够踏上这万里征途，心里很是不解。吃饭的时候，杨老夫人忍不住问了她们三个有趣的问题，石评梅暗暗觉得有些好笑。第一句是：谁家有这些女儿？第二句是：谁家要这些媳妇？第三句是：何处找这许多婆家？在座的同学都不知道该如何回答她的问题，因而都只好付之一笑。饭后，督办又拿出纸笔来，请在座的人都随便写几句话给他以做留念，石评梅和同学们不好推辞，就每人写了几句感谢祝福的话。

从汉阳回到汉口，师大旅行团于28号晚上十点左右乘船离开，29号上午抵达了江西九江，她们在此做了短暂停留，之后于30号下午到达了南京。南京的地界很辽阔，树木繁茂，空气也很清新；街市中有乡村的风致，车马嚣烦，与北京相比大有不同。

石评梅她们乘着马车经过了东大农业试验场和东大学生寄宿舍，最后到达督属新街华洋旅馆。经过一夜歇息后，31号清晨八点钟，师大旅行团到东南大学去参观，结束后又去了南京高师的附中和附小参观，此后还去参观了江苏第一女师范、附小和金陵大学，一路上，收获颇多。

南京作为古都，市里还有许多的名胜古迹，石评梅和同学一起游览了众多景点：鸡鸣寺、玄武湖、明陵、紫霞洞、莫愁湖等，她们都一一欣赏过，每一处景观都让她们沉醉其中、流连忘返。

6月4号，石评梅一行乘沪杭车到达浙江杭州，她们参观了其中的几所学校，便决定前往西湖观景。石评梅渴望西湖胜景已久，在浙江的行程中，她最期待的便是西湖的美景。

在西湖待了五六天，石评梅被那优美的山水亭寺给深深吸引了，心神似乎都已经融化在了这自然的胜景里。那几日，恰好下起了淋漓的小雨，烟雨江南的别样韵味便在这西湖的湖光山色中愈加凸显。石评梅被这如诗如画的情景触动了愁怀，便拿出纸笔想要将自己一时的情致和感受写下来，然而握笔良久，却始终难以酝酿出恰当的字句。就在这时，她接到了高君宇的来信，信中的内容恰是和她谈论风景的，石评梅觉得其中有一段和她现在濡毫难下的情形是很相符的：

本来人与宇宙，感着的不见得说得出，说出的不见得写得出；口头与笔端所表示的，绝不是兴趣的整个。就像我自己，跑遍了半个地球，国内东部各省都走过了。山水之美虽都历历犹在目中，但是要以口或笔来形容它们，我总是做不出。有时我也找得最好的诗句，恨笔不在手底不能写出来，然而就是当时笔在手边又何尝写得出呢？好的诗句，是念不出的，更是写不出的；好的风景是画不出的，更是描不出。越是诗人，越多兴感，越觉得描写技短，又何怪你觉得你游过的景物不可写出呢？然而我总愿世人应得把他的才能志愿，将宇宙一切图画了出来。你不笑这是个永不能达的妄想吗？

石评梅觉得高君宇在信中分析得十分透彻，她也很赞同他的看法。

然而，因为实在是仰慕西湖太久了，石评梅还是想将自己心中对它还存有的那些印象和感受记录下来，也算是不枉她来这西湖一遭。

游玩过西湖以后，石评梅还和同学去了白湖、湖心亭、飞来峰、灵隐寺、清涟寺、大仁寺等许多知名景点。一路上，石评梅沉浸在这秀美的风景中，心旷神怡，很是陶醉。

师大旅行团于6月10号离开杭州到达上海，11号开始参观上海的几所学校，于16号乘船离开上海。在海上航行了两天，轮船于18号中午到达青岛，两天后又乘胶济车到了济南，下午8八点她们到山东女师范去寄宿，恰逢学校开毕业生送别会。

石评梅因为连日来的奔波劳累，身体有些不适，所以没有去看热闹。

21号早上，她勉强起床，随同学去大明湖游玩。

石评梅常听永叔说大明湖风景不错，然而到了以后一看，芦草浓绿，湖水浑浊，风过处，一片萧瑟，竟与她想象中的景致很不一样，因而不免有些失望。在济南只待了一天，石评梅一行便于翌日乘津浦车返回了北京，毕业旅行便就此结束了。

回到学校，石评梅一直忙于毕业事宜，原想着将旅行中见闻和风景一一整理成文，然而终究还是事与愿违，没能完成。

但是，石评梅向来是个说到就要做到的人，更何况她觉得此次旅行对她影响颇大，她自己也感受颇深，因而并没有将这个念头打消。

直至从老家返校后的9月3日，她才将旅行中的文章整理写完，从《车站上的离人泪》到《匆忙中的济南》等一共14篇游记，顺着她们旅行的时间和地点转移一一详细描写，文笔生动，情感细腻，相当难得。

《晨报副刊》为此专门开辟了《模糊的余影——女高师第二组团国内旅行团的游记》这一栏目，从1923年9月4日到10月7日，陆续刊载发表石评梅的这14篇游记，一时间引起了社会的广泛关注和热烈反响。

石评梅为此还写了一段说明的附识："假期中乘窗前花影，晶洁月色，暇来握管追忆，模糊恍惚中，成此余影。脑海中堆集既多，不免淆乱，一切谬误，尚祈见者见谅！作后所以发表于此者，借以答好友质询，及向学校报告。"

返京赴职

旅行结束回来后，石评梅稍稍休息了几天，又参加了学校的几场报告会，主要是对她们此次毕业旅行的报告演讲。石评梅作为旅行团中的"交际"，自然免不了被推去做演讲，她就将自己沿途的见闻和旅途的趣事整理后做了报告内容，因为讲演生动有趣、绘声绘色而大受师生欢迎。

忙完了学校的事务，石评梅就打点好自己的行装准备回山西老家，因为她已经做好了在京谋职的打算，所以此次也只是暂时离开。

在这期间，去年毕业的庐隐也从安徽辞了教职回到北京，并在北京师范大学的附属中学教授国文。

陆晶清也跟石评梅一样，决定以后在北京求发展，所以这三个惺惺相惜的好朋友又能够经常在一起了。

7月初，石评梅坐上正太车回到了久违的家乡。家里的亲友热情地迎接着她的归来，特别是石评梅的父亲和母亲，在看到女儿的那一刻，眼泪都忍不住掉了下来。

石评梅上前一一拥抱了他们，那别离时的酸楚和重逢后的喜悦都在这温暖的相拥里融化开来，幸福的泪水在这一刻诠释了所有的情绪和感慨。

看到自己的女儿如今学成归来，石铭的心里格外地自豪，在他的心里，自己的女儿向来都是比男儿还要出色的，而难得的是，石评梅从来都没有辜负过父亲对她的期望。

因为太久没有回家了，石评梅归来后很是享受家庭的欢乐，父亲和母亲对她关怀备至，嫂嫂对她亲热有加，就连小侄女昆林也总是缠着姑姑陪她玩，只要姑姑走开一会儿，她便急得到处去找，生怕她又离开了。

每天在家的日子总是格外清闲，母亲和嫂子从不让她插手各种家务，生怕劳累了她。父亲石铭也总是陪在她身边，隔一会儿就问她要不要喝茶吃点心，唯恐她因长时间地看书而消耗了精神。家人的悉心照料和爱护，让石评梅很快从疲惫中恢复过来，她的心情也比从前在学校时好了很多。

一个夏日的黄昏，石评梅和父亲坐在院子里的葡萄架下看报纸，母亲在厨房里做花糕，嫂嫂因为身体不舒服躺在床上。

当时四周都很静寂，晚风轻拂，发丝也跟着轻轻飞舞着，石评梅沉浸在这静穆慈爱的环境中，像饮着甘醴一样，欢乐中微微地醉。

就在这时，忽然传来一阵惨呼哀泣的声音，石评梅全身一震，被这突然的声响给吓到了。

她扔下报纸从竹椅上站起，父亲也放下报纸看着她，他们都在凝神屏气地听着这动静。

后来，惨呼声越来越大，也越来越真切，打骂声中夹杂着重物落在人身上的敲击声，就连厨房里的母亲也听到了，挽着袖子张着两只沾满面粉的手走了出来，站在台阶上静静听着。

听了半响，石评梅觉得这声响应该是从隔壁院子里传出来的。

就在这时，家里的张妈从后院嫂嫂屋里走了出来，面色惊慌地说："董二嫂又挨打了，我去瞧瞧怎么回事？"

张妈过去后，石评梅和父母都没有再说话，母亲低了头在弄她的面手，父亲依然还是看报，只有她站在葡萄架下默然无语。

这期间，隔壁院里的哀泣声、打击声和嘈杂声依然没有停止，石评梅听着这如此揪心的声响，心里很是难受，也很是不解，于是她走上前去问自己的母亲："妈妈！她是谁？常这样闹吗？"

"这些事情不稀奇，你整天在学校里生活，自然看不惯。其实家庭里的罪恶，像这样的多着呢。她是给咱挑水的董二的媳妇，她婆婆是出名的恶毒人，谁都惹不起她，耍牌输了回来，就要找媳妇的气生。董二又是一个糊涂人，听上他娘的话就拼命地打媳妇！隔不了十几天，就要闹一场，将来还不晓得弄什么祸事。"石评梅的母亲说完就走进屋里去了。

石评梅跑到后院嫂嫂的房间，刚上台阶就在外面喊她，嫂嫂细微地应了她一声，她走进屋里揭起帐幔坐在了床沿上，她亲昵地握住嫂嫂的手，问："嫂嫂！你听见莫有？那面打人！妈妈说是董二的媳妇。"

嫂嫂微笑着望了她一眼，说："珠妹！你整天讲妇女问题，妇女解放，你能拯救一下这可怜被人践踏毒打的女子吗？"

石评梅在嫂嫂不经意的提问里愣住了，心中不由得战栗起来，她对自己不能向嫂嫂解释自己高深的哲理而惭愧，更对自己无力拯救这些可怜的女同胞而有些沮丧。

低头默然沉思了一会儿，石评梅复又问她的嫂嫂："她这位婆婆，我们能说进话去吗？假使能时，我想请她来我家，我劝劝她，或者她会知道改悔！"

嫂嫂听后，立马摇头说："不行，我们刚从省城回来，妈妈看不过，有一次叫张妈请她婆婆过来，劝导她，当时她一点都不承认她虐待媳妇，她反说了许多董二媳妇的坏话。过后她和媳妇生气时，嘴里总要把我家提到里边，说妈妈给她媳妇支硬腰，合谋要逼死她。妹！这样无智识的人，你不能理解的；将来有什么事或者还要赖人，所以旁人绝对不能干涉他们家庭内的事！咳！那个小媳妇，前几天还在舅母家洗了几天衣裳，怪可人的模样儿，晓得她为什么这般薄命逢见母夜叉？"

嫂嫂说完，不由得叹了一声气。

不一会儿，张妈也从隔壁院里回来了，气得脸都绿了。

石评梅看着张妈的样子忍不住笑了，嫂嫂也笑着对她说："张妈！何必气得这样，你记住将来狗子娶了媳妇，你不要那么待她就积德了。"

张妈听后忙不迭地说："少奶奶！阿弥陀佛！我可不敢，谁家里莫有女儿呢，知道疼自己的女儿，就不疼别人的女儿吗？狗子娶了媳妇我一定不歪待她的，少奶你不信瞧着！"

石评梅听着嫂嫂和张妈的对话，心绪却早已飘远了。

石评梅心里很为董二嫂不平，她觉得同样是人，为什么女人给人做了媳妇就活该倒霉受苦？为什么女儿就不能被社会给以平等尊敬的对待呢？

第二天，石评梅随着父亲上山去避暑，母亲将昨晚蒸好的花糕给他们装好，让人挑着带上山。

一路上视野开阔，景色怡人，石评梅高兴极了，很快也就将董二嫂的事给忘记了。在山上住了七天，他们才下山回家，然而，刚回到家不久，石评梅就听张妈说董二嫂死了。

　　石评梅听到这个噩耗顿时就呆住了，就这样足足站了有十分钟的样子，奶妈进来叫她出去吃饭，她才返过神来。

　　　　董二嫂死了，不过像人们无意中践踏了的蚂蚁，董二仍然要娶媳妇，董二娘依然要当婆婆，一切形式似乎都照旧。
　　　　直到我走，我再莫有而且再不能听见那哀婉的泣声了！然而那凄哀的泣声似乎常常在我耳旁萦绕着！同时很惭愧我和她是两个世界的人，我感觉到自己的力量太微小了，我是贵族阶级的罪人，我不应该怨恨一切无智识的狠毒妇人，我应该怨自己未曾指导救护过一个人。

　　在《董二嫂》文末，石评梅对自己的无能为力表达了深深的愧疚，也对这充满着罪恶的社会制度暗暗地进行了控诉。

　　董二嫂的悲惨遭遇促使着石评梅做出了离家返京的决定，原本她可以在家多待一段时间，可是目睹了这样的惨状后，石评梅觉得自己应该尽早投入到改造社会的行列中去，否则像董二嫂这样的人在中国还有千千万万，她们的境遇或许还会更糟。

　　返回北京后，石评梅因为旅途劳顿，躺在床上闭目养神。

　　然而，刚刚闭上眼睛，那些过去的回忆，在家时的种种景象都一一地在脑海里回旋，让她难以静心安神。她无可奈何地睁开眼睛，看着窗外碧蓝的天空和浓绿的杨柳发呆，就在这时，陆晶清走来看望她了。

　　石评梅惊喜地从床上坐起，别后的喜悦扫去了之前的阴霾，她和陆晶清在微笑中感受着彼此的情谊。

那是一个很温和的天气，斜阳淡淡地落在苍黄的地毯上，石评梅和陆晶清坐在靠窗的椅子上促膝长谈，她们谈各自别后的情况，也回忆着过往的乐事，那些未见面时预备说的话却一点也想不起，因而都没有打开话头。陆晶清问石评梅暑假在家的情况，然后又要她念几首诗给她听，石评梅拗不过她，只得念了一首《紫罗兰》。

石评梅轻轻地读着，陆晶清也静静地听，等她念完后，陆晶清似有所悟地对她说：

朋友啊！你干吗！向着深思之渊中求空幻的生活。愉快之波是生命流中的浪花，你不要令她忽略，把光阴匆匆地过去。你就是绞尽脑汁，破碎心血，你向人间曾否找到一点真诚的慰藉？你看清新高爽的野外那伟大自然界，都要待我们去赏玩她，涵化她。天空中的云霞，野外的锦绣都是自然魂灵的住所。她们都含着笑，仰着头，盼我们去伴她。人生一瞥，当及时行乐。虽然处的是寂寞沉闷的生活中，但是大地团团，又何处非乐土呢？你的思想，比我狭闷的多，这种理想，只好自然界去融化你……

陆晶清的一番话让石评梅分外感动，她为自己能够拥有陆晶清这样的知己而满是欣慰。与石评梅相比，陆晶清显得开朗得多，也乐观得多，但是在未来的志向上，她们俩倒是英雄所见略同。

陆晶清早就跟石评梅说过，她以后想要做一番惊天动地的大事业，一来是为社会谋福利，二来是要扬女界之威风。

在这一点上，石评梅是非常赞同陆晶清的，因为这也是她的人生目标。

其实，石评梅这次回京是准备接受北师大附中学级主任一职的。

在她离校返家前，师大附中校长林砺儒先生就曾找她谈过话，希望她能接受他的聘请。

在与石评梅的谈话中，林校长袒露，他对她在体育和文学上的成绩很是欣赏，而且师大的校长许寿裳和体育主任曾仲鲁都曾极力地推荐她，因而他想请她担任师大附中的学级主任的职务。

然而，当时石评梅还没有考虑好自己未来的方向，再加上担心自己刚从学校出来就担任这样重要的职位会力不从心，所以就没有马上答应林砺儒先生的邀请。

回家以后，石评梅一直在思考这件事，直到她目睹了董二嫂被丈夫婆婆逼死的惨状后，她才真正决定要接受这一教职。

她觉得中国现在最大的问题在于国人的思想封闭、落后、不思进取，而要唤醒他们的思想就应该大力发展教育，只有通过教育的启发和引导，才能让女人和男人享有平等的受教权利，进而享有平等的社会地位，如此，整个社会才能通过"人"的推进而不断进步。

石评梅在与陆晶清闲谈时，将自己的这个决定告诉给了她，陆晶清也很为她高兴。

当时正值北京的盛秋，天高云淡，秋菊飘香，陆晶清知道石评梅心绪不佳，因而特地邀她去城南公园一睹园林秋色。因为与陆晶清握别已有两月之久，石评梅也想找时间和她好好聚一聚，因而也就爽快地答应了下来。

城南公园果然没有辜负陆晶清的期望，石评梅走进去看见满园的绿荫如幕、硕菊苍苔，不禁有些沉醉，一刹那间神清气爽，连心胸都得到了舒展。

她们沿着草径慢慢走着，微细的脚步声不经意间也惊起了草虫的鸣叫，蝴蝶也环绕在她们四周飞舞着。那时斜阳挂在林外，碧蓝的天上铺满了锦绣的云霞。石评梅沉浸在这视觉的愉悦中，心神被大自然涤荡得干干净净，那一刻她就在心里想："自然呵，你具有了这种伟大的势力，为什么不把污浊的人心洗净，恶劣的世俗扫净。"

去城南公园看完秋景后，石评梅的心情好了很多，整个人也精神了不少。

陆晶清的劝慰，石评梅向来是愿意听的，更何况，暑假一结束，她就要成为一名正式的教师了，为人师者，就需要发挥自己的榜样作用。

石评梅已经做好了赴任的准备，也打算倾尽全力去做好这份工作。一切还未开始，然而一切正在开始。

红叶相思

暑假结束后，石评梅前往北京师范大学附属中学赴职就任，学校为她分配了教师宿舍，她欣喜万分，就和陆晶清一起搬了行李过去。然而，到宿舍一看，她们便失望了。

原来她们的教员宿舍就是在一座破旧的古庙里，她们的房间是里面的一个荒废的书斋，房门口有一棵大槐树，旁边还有一个长满茅草的断垣残壁的古亭。

石评梅和陆晶清拎着大包小包的行李走进房间，里面的情景更是不忍目睹，乱成一片。

破旧的窗棂上没有安装窗户玻璃，只有几张破纸贴在上边，在阵阵秋风里做飞舞状，不知道是在替她们表示抗议，还是在幸灾乐祸。墙上的粉刷外层已经剥落，地上多是脏污，房间里充斥着许多灰尘。

看到这样的境况，陆晶清不由得吸了一口冷气，一想到好友将要在这样的环境里工作生活，她就替她发愁。

石评梅显然也被这样糟糕的居住环境给吓到了，那一刻，她真的很失望，内心里满是怨怒。然而，稍稍冷静了一下后，她决定既来之则安之，环境不合心意，她就自己动手来改造。她在心里暗暗想着，如果连这点小事她都处理不好，只会一味地生气抱怨，那么以后还怎么能做出自己想做的事业呢？想到这里，石评梅便释然了，她觉得这是上天对她进行的第一个考验，她不能还没开始就先放弃。

就像孟子说的那样："故天将降大任于斯人也，必先苦其心志，劳其筋骨，饿其体肤，空乏其身，行弗乱其所为，所以动心忍性，曾益其所不能。"

石评梅决定接受挑战，于是她开始着手布置自己的宿舍。

粉刷墙壁、清理垃圾、糊窗子、买家具等，石评梅在陆晶清的帮助下，很快地就完成了宿舍的清理、粉刷、布置和装饰。

虽然过程很辛苦，但是她们看着这焕然一新的屋子，心里很是自豪，就算为此劳累了一番，也觉得十分值得。

在陆晶清的撺掇下，石评梅还给小屋取了一个雅致有趣的名字——梅巢，并且还兴致勃勃地在门楣上写上了这两个大字。

石评梅天生爱梅之高洁清新，不仅是她自己的名字，就连居室的名字也要与梅有关联，可见其对梅花的痴念和深爱。

搬进新宿舍后第二天，好友庐隐过来看望了石评梅。

当天恰逢中秋，石评梅精心准备了月饼、玫瑰酒和菊花面，美酒佳肴在侧，良朋好友相伴，她们三个老同学在小屋里度过了难得的愉快时光。

高君宇听说石评梅搬家了，也特地赶过来恭贺她的乔迁之喜。

上次一别后，石评梅已经很久没有看见他了，久别重逢的喜悦让她整个人都显得有了别样的神采。高君宇将自己手写的一卷《陋室铭》送给石评梅，他觉得石评梅的陋室就像旧日刘禹锡描述的陋室一般："山不在高，有仙则名。水不在深，有龙则灵。斯是陋室，惟吾德馨。苔痕上阶绿，草色入帘青。谈笑有鸿儒，往来无白丁。可以调素琴，阅金经。无丝竹之乱耳，无案牍之劳形。南阳诸葛庐，西蜀子云亭。孔子云：何陋之有？"

石评梅欣然收下了，高君宇这份礼物实在很对她的心意，于是她半带调侃地说："我要把它挂在卧室的墙上，悬昏三叩首，早晚一炉香，一天念它三遍，把我自己也变成一个有德能的人，才对得起你写的这条幅！"

陆晶清听着二人的对话，忍不住也将自己前日所作的《一瞥中的凄凉没窟》拿出来插科打诨。虽然是偶然来兴所写的顽皮话，但是陆晶清却开始一本正经地朗读起她的"大作"来："中秋前一日，评梅由女高师移往师大教员寄宿舍；我为同着她去的缘故，遂得相识她所谓的'凄凉梅窟'，而评梅又以乍离开相依三年的女高，颇感不快，故书此以慰之，班门之下，故无我弄斧之地，不过，聊博评梅一笑耳！"

当然，这只是前序，后面才是她诗的正文：

　　我轻轻地，
　　踱进凄凉的梅窟了。
　　萧条呵——梅窟，
　　枯瘠呵——梅窟，
　　它正待着止泪来装点呀！
　　朋友，
　　快掏出你鲜红的心血，
　　快开放你辛酸的泪泉吧，
　　装点它——
　　它便是你的理想的乐园！

看呀！
蔓草做了小亭的金冠，
蛛网妆饰成小亭的纱裳，
朋友，
这是多么的美妙，
自然？
你莫谓它不如你的摇篮，
明月夜，
人静后，
你偕着你的影儿，
悄悄地踱进了小亭。
热泪当酒，
素诗作肴，
那时候——
寂静的院里，
淡抹上，
一幅美妙的图画。

陆晶清自顾自地念完自己的诗，就要石评梅回敬她一首，石评梅被她逗得开怀大笑，一时也诗情满怀，于是便乘着兴头答她：

使命！
令我离了旧巢，
把人间的余恨都留在梦内。
振荡着银铃，

曼声低歌；
走向人间！
唤醒那沙漠上沉睡的青年！
指导他去开辟人间的乐园。
灵幻的光流；
惊醒了留恋的残梦；
我已换了个生活的花篮！
朋友！
那时金钗叩门，
你挟着素兰的芬芳，
来到了凄凉的梅窟。
一切……人间的一切，
我不知何所憎，
何所爱？
上帝错把生命花植在无情的火焰下，
只好把一颗心，
付与归燕交还母亲；
剩这人间的躯壳，
宁让他焚炽成灰！
那时：
亲爱的诗神，
拿他温暖的角，
吹起了希望的火焰！
……
将草亭梅魂，

燃在金色的光流内！
　　……

　　石评梅的这一首即兴诗让在座的几位朋友听了都颇为高兴，因为以往她的诗都不免带些伤感凄清的意味，唯独这一首却充满了斗志，充满了希望。

　　虽然环境比过去清苦了许多，然而石评梅的精神状态却出乎意料地好，这也算是"塞翁失马，焉知非福"。在这一个月圆之夜，因为有良朋美酒的陪伴，因为对未来的美好展望，石评梅开始对明天有了新的期待。

　　中秋节以后，石评梅正式开课了，除了带学生上体育课外，她还要教授国文，可谓是身兼数职，使命颇重。

　　每次上课之前，她都会认真备课，虽然这些课程对她来说是轻松可控的，但是对学生的教育问题，她向来都非常重视。

　　师大附中为女教员设有一间专门的预备室，房间的墙壁全部被粉刷成白色，就连桌椅都是白色的。石评梅第一次走进预备室，目之所及都是白色，很是惊讶，因而当时便给这间屋子起了一个名字，叫作白屋。在师大附中任教的日子里，石评梅每天有很大一部分的时间都是在白屋度过的，为了做好教育事业，她耗费了很大的心力。

　　对于这一点，好友庐隐在《石评梅传略》中也提到了，并对石评梅在教育上的贡献和成就给予了高度评价："评梅一直受的是师范教育，所以她的事业，也多半是在教育方面。

　　她自女高师毕业以后，就在女师大附中担任女子部主任兼体育教员。

民国十六年，她又兼任国文教员及女一中、若瑟、师大各学校教员。

她在教育上有很大的贡献。尤其在师大附中，她的教育成绩最显著。"

石评梅自进入师大任教后，不论是对班级的管理，还是对个别学生的教育，都极度耐心细心，她选择用自己的"爱"来感化学生，用自己的真情来说服学生。

许多之前那不服管教的学生，到了石评梅这里，却像变了一个人似的，不仅不会跟她调皮造反，而且还很愿意听她的教导。在与学生相处的过程中，她不是以一个严厉的师长角色出现，而是以一个温暖亲和的大姐姐身份来靠近他们，理解他们，最后用自己的"爱"来教育他们，引导他们。为此，石评梅的学生们都很喜欢她，也很信赖她，师大附中的老师们也格外地尊敬她。

日子就这样不紧不缓地过着，转眼石评梅就已经在师大附中任职一个多月了。

在这里，她愉快地忙碌着，仿佛获得了新生一般，精神也比从前好了很多。

1923年10月26日的晚上，石评梅正在宿舍里翻着一本《莫愁湖志》，渐渐地便有了些倦意，于是就躺在沙发上休息。

这时书案上的白菊花正在悄悄地绽放着，一阵淡淡的清香随着窗纱飘进的轻风吹在她的脸上，令她微微地有些沉醉。

在这似睡非睡的朦胧里，过去的种种回忆却不期然地浮上了她的心头，有童年的美梦，也有友谊的片段，更有那破碎的初恋回忆，想到这，石评梅便逐渐有些清醒了。

睁开眼，看见刚刚还开得好好的菊花忽然间就有些凋敝了，石评梅在伤感花的命运时，也不免想到自己的，于是一时间心里就充满了莫名的悲绪。

夜里十点多钟的时候，石评梅正准备入睡，小丫头忽然进来给她递了一封信，她拆开来一看竟是一张白纸，拿到手里时忽然有一片红叶从纸里飘落下来。"呵，一片红叶！"石评梅情不自禁地喊出来。略略愣了一会儿，石评梅才用颤抖的手将红叶捡起来，一看上边竟然还写着几行字：

> 满山秋色关不住，
> 一片红叶寄相思。
>
> 　　　　　高君宇采自西山碧云寺十月二十四日

高君宇是高君宇的化名，那时他因为参加革命活动身份暴露，而一度被北洋政府追捕。

中秋过后，他便去了西山疗养院，一则是为了避避风头，二则也是为了调养身体之故。

一个多月没见，石评梅突然收到他的来信，内心是高兴的，然而对于这红叶相思的心情，她却是无法承受的。

在与高君宇来往的过程中，石评梅的确感觉到他对她是不一般的，那时她以为是他天生热情的缘故，或者就是他们一见如故相知颇深的友情使然。

单纯天真的石评梅没有料到高君宇竟然一直倾心于她，更没有料到他对她用情如此之深，思念竟如此之浓。

看着这一片承载着相思之苦的西山红叶，石评梅的心绪都开

始凌乱了,就像她自己描述得那般:

> 平静的心湖,悄悄被夜风吹皱了,一波一浪汹涌着像狂风统治了的大海。我伏在案上静静地想,马上许多的忧愁集在我的眉峰。我真未料到一个平常的相识,竟对我有这样一番不能抑制的热情。只是我对不住他,我不能受他的红叶。为了我的素志我不能承受它,承受了我怎样安慰他;为了我没有一颗心给他,承受了如何忍欺骗他。我即使不为自己设想,但是我怎能不为他设想。因之我陷入如焚的烦闷里。

虽说与吴天放的那段恋情已经是过去的事情,然而石评梅从中受到的伤害却并没有在她的心中抹去,那是一颗随时都可能被碰到的刺,潜藏在皮肤深处,每一次触及都会令她痛彻心扉。

那是她的初恋,也将是她这辈子最后的一次爱情,自那以后,她便没了爱的勇气,她早已不再相信爱情了。

吴天放的一时糊涂却害了石评梅的一辈子,因为她曾经如此地看重与他的那一段情,所以才会让她自己伤得那么深。

失恋之后,石评梅用了很长的一段时间才让自己从这场情伤中恢复过来,她已下定决心不让自己重蹈覆辙,所以她将自己的心彻底封锁了,不让自己出去,也不会让别人进来。

石评梅向来是个说到做到的人,她既立了独身志愿,那么就必定会坚持到底,就算旁人说劝也是枉然。

夜凉如水,石评梅呆呆地看着手里的这一片红叶,一时有些心烦意乱。

夜幕下的一切都是如此寂静,窗檐下有蝙蝠飞身略过的声音,窗外月华满地，树影斑驳，显出别样的清冷和幽寂。

石评梅起身披了一件夹衣，推开门走到了院子里，迎面一阵清风吹来，将她心中的一切的杂绪烦念仿佛都吹净了。

在院子里漫无目的地走了几圈后，石评梅遂坐在茅亭里看月亮，那凄清皎洁的银辉让她渐渐地安定下来。

坐了一会儿，她便回到房间，用墨汁濡湿了毛笔，在红叶的反面写了一句话："枯萎的花篮不敢承受这鲜红的叶儿。"

写完后，她仍旧用原来的白纸将红叶包好，另找了个信封将其寄还给了高君宇。

高君宇知道前一段感情的失败对石评梅影响很大，也知道为此她还一度伤心欲绝，消沉低落了好长一段时间。

只是他没有料到这段过往的情伤在时过境迁之后，仍然被深深地满藏在她的心里，以至于她无法再开始另一段新的感情。

在他与石评梅相处的时光里，他对她的爱越来越深，他起初还想克制自己，可后来才发现人一旦陷入爱情便身不由己了。

在寄红叶表白之前，高君宇并不清楚石评梅的态度，但那时他还在心里隐隐觉得自己是有一丝希望的。

抱着这样的期待，他心潮澎湃地在红叶上表明了自己的相思之情，然而结果却令他失望了。

遭到石评梅的拒绝后，高君宇曾感到极度的伤心，但是他并未因此就中止对她的感情，也没有因为想要逃避而疏远她。

回到北京以后，高君宇仍像往时一样去探望石评梅，闲暇时也会约她去陶然亭走走，两人不见面时信也是照常写的。

高君宇开阔的胸怀和洒脱的态度，让石评梅对他有了新的认识，由此也越来越敬佩他了。

高君宇虽然尊重石评梅的独身志愿，但是他并没有就此放弃对石评梅的感情；他相信时间的神奇魔力，也相信自己的真情真意有一天终究会打动她的心，所以他愿意就这么无怨无悔地守候在她身边。

　　对于高君宇的用心良苦，石评梅是能够感受到的，她嘴上不说，但是心里却万分感动。

　　在这样不动声色的默契里，两颗寂寞的心也因为这份深重的情谊，而慢慢地靠近了。

乱世儿女

第一学期结束后,石评梅在北京度过了任职以来的第一个冬天。

原来在师大读书时,往往是学校的课一结束,她考试完便回老家了。这一年,她只在春节那几天回了一趟山西老家,没多久便返回了学校,作为一名老师,她是格外称职的。

北京的春天来得迟,但是也来得迅猛,仿佛4月才开始,5月便要结束了。

这一年的春天,也就是1924年4月28号,印度诗人泰戈尔应北京大学之邀来华讲学并访问中国,石评梅等人在北京城南公园雩坛见到了他。

石评梅一直久仰泰戈尔的鼎鼎大名,今天有幸见到他本人,内心里有一种无法言喻的激动。那样的快乐是很少有的,石评梅沉浸在这样的喜悦里,久久不能自拔。

然而,就是在这一天晚上,她接到了父亲的来信,寥寥数语中,却告诉说她的好友吟梅已经病逝的消息。这一个噩耗犹如晴天霹雳一般,让石评梅整个人都呆住了,她不敢相信春节期间还那么生动活泼的吟梅忽然间就走到了生命的尽头。

当时她还没有太多的悲伤,只是半惊半疑地沉思着,好像吟梅并没有死，一切只是自己的幻觉一样。然而，到了第二天，她就开始万分地难过起来，昨晚积累的情绪一起涌上来，令她什么也做不了。第三天，石评梅从学校上课回来便病倒了，头疼加上吐血，身上还出现了许多红斑。医生来看过后，说是猩红热，就赶紧给她开了药，但是服药后，石评梅的病情并没有转好。

在石评梅重病期间，吟梅的姐姐道容来信告诉她，吟梅已在4月19日的凌晨就过世了。

吟梅的姐姐在信里提到了吟梅死前的情况，石评梅看着这封报丧信，心里如刀割一般地疼痛，因为吟梅临死之前最惦记的人就是她，而她却未能赶回去见她最后一面。在石评梅后来写给好友小玲的文章《小玲》中，她曾将吟梅姐姐写给她的那封信抄录了一部分给她看：

> 四月十九日的早晨五点钟，她的面色特别光彩，一年消失的红霞，也蓦然间飞上她的双腮；她让我在墙上把你的玉照取下来，她凝眸地望着纸上的你，起头她还微笑着，后来面目渐渐变了，她不断地一声声喊着你的名字；这房里只有母亲和我，还有表哥。——她死时父亲不在这里，父亲在姨太太那里打牌。——这种情形，真令人心酸落泪不忍听！后来母亲将你的相片拿去，但她的呼声仍是不断；甚至她自己叫自己的名字，自己答应着；我问她谁叫你呢？她说是波微！数千里外的你，不能安慰她，与谋一面，至死她还低低叫着你，手里拿着你的相片！哎，真是生离易，死别难。

看了吟梅姐姐的这封信，石评梅的心里充满了悔恨和自责，她怪自己当时没有抽空回家去见她最后一面。

而今生死两茫茫，就算相见却也见不到了，石评梅一时愁肠百结、积郁成疾，病情也越来越重了。

在梦中石评梅总是能梦到吟梅，穿着浅蓝的衣服，头上罩着一块白的羽纱，她的脸色很光润，一直微微地对着石评梅笑着。等石评梅走上前去握住她的手，想要说什么的时候，她忽然开口说："波微！我回去了，再见吧！"

转瞬间便看不到她的影子了，只有黑漆一片渺茫的道路。每每从梦中惊醒，石评梅的枕巾都被泪水打湿了，听着窗外风沙敲着窗幕瑟瑟的声响，她就愈发觉得凄凉可怖了。

她看着那茫茫无际的黑夜，只在心里默默地喊着："吟梅呵！我要问万能的上帝，你现在向何处去了？桃花潭畔的双影，何时映上碧波？阳春楼头的玉箫，何时吹入云霄？你无语默默，悄悄披着羽纱走了，是仙境，是海滨，在这人间何处找你纤细的余影？"

因为吟梅的死，石评梅伤心不已，病情一度急转直下。

在荒凉、凄伤的破书斋中，她在异乡的病榻上缠绵不起，那些历历往事伴着彼时难过的心绪，漂浮在她的脑海里，让她沉溺在绝望的死海中难以解脱。那时，石评梅已经做好了死去的准备，她很愿意追溯着吟梅的脚步随她而去，所以她已经偷偷地将最后给家里和朋友们的遗书都预备好了放在枕边以备不测。

那个时候，起初有一个同事小苹来照料石评梅，后来小苹离开去了上海，并只剩一个女仆来看护她。有很多朋友听说她病重，也纷纷过来看望她，其中陆晶清和高君宇是探视最频繁的两个人。

石评梅病重的那几天，每天都要吃两三次药，有几次没有药了，高君宇不顾夜深，一个人跑到极远的街上去给她配药，这让石评梅十分感动。

然而，石评梅并没有因为这感激而改变旧日对高君宇的态度，在她的心里，还是固执地坚持着自己的独身夙愿。

有一天，石评梅病得很厉害，病情比前几日似乎更加严重，昏迷了三个钟头都没有醒来。

石评梅的女仆吓坏了，赶紧给高君宇打电话，高君宇接了电话就立马赶了过来。那时正是黄昏日暮，院里屋里都笼罩着一层淡灰的黑幕，沉寂中显得格外凄凉、惨淡。

石评梅在这样的光景中幽幽地醒转过来，睁开眼的那一刻，她看到高君宇跪在她的窗前，双手握着她的手，他的头低低地垂在她的床沿。石评梅侧转头，看见了他凌乱的头发，感觉到他的热泪打湿了她的手背。

那一刻，石评梅感慨无限，万千话语似乎都如鲠在喉，沉默了良久，她才慢慢扶起高君宇的头，对他说："辛！你不要难过，我不会这容易就死去。"

自那晚以后，石评梅忽然觉得高君宇命运的悲惨和可怜，全在于他对她一片痴心却得不到任何回应的凄凉之中，于是，心里就更害怕，也更回避了。

她绝不允许自己承受他这颗不应该给她而偏给了她的心，因而对天天都来照顾她的他便日渐有些故意地疏远。

高君宇并不在意石评梅的这些心思,只要她的病能快点好起来,让他做什么,他都是愿意的。

庆幸的是,在高君宇和女仆的悉心照料下,石评梅的病情渐渐地有了好转,身体也开始在慢慢地康复了。

就在这个时候,石评梅得知,高君宇因为得罪了国内的一位大军阀而正被其秘密追捕。

因为石评梅病重在床,高君宇并未将这件事告诉她,为的也是怕她担心而影响了病情。

后来因为追捕得紧,高君宇怕被追踪连累了石评梅,就很少来看望她了,为此,她很是为他担心。

一天晚上,石评梅扎挣着坐起来给家里的父母写信,想让双亲知道她只是得了一点小病,不必为她过分挂心,并告诉他们她如今已痊愈的消息。

那时窗外正吹着狂风,书斋也在这剧烈的震撼中轻轻地摇晃着,树林里也发出了极响亮的呼啸声。

石评梅觉得十分恐怖,脑海里想象着一切可怕的景象,猛然间觉得院外的古亭里似乎有无数的骷髅在风中狂欢舞蹈一般。

没过一会儿,淅淅沥沥的雨声便开始响起来,雨点打在窗纸上落下豆大的湿痕。

石评梅觉得有些微微的凉意,便起身去找了一件衣服披上,然后还是继续坐在窗前写着信。

大约八点半的样子,石评梅忽然听到外间响起沉重的步履声和说话声,便惊奇地唤自己的女仆。女仆应声走了进来,后面还跟着一名不认识的男子。

石评梅见状便有些生气地责骂她，问她为何不通知她便将陌生人带了进来，女仆便笑着回她说是"高君宇先生"。

石评梅站起来细看，果真是他，只不过他化了妆，一般人确实认不出是谁。

石评梅问他为何装扮成这样，还在这狂风暴雨的时候跑过来。

高君宇只是苦笑着，过了好半天才告诉她实情。

原来他的住处现在已经被警察包围，今晚他要乘11点的火车离开，现在冒险前来只为了跟她告别。

石评梅听到这个有些突然的消息后，原本恐惧万分的心更加不安了，她的脸也变得苍白起来。

高君宇看见她这个样子，心里不免疼惜，遂勉强地挤出镇静的笑容安慰她，叫她不要怕，没什么要紧的事。

他告诉她，就算被捕去坐牢他也是不怕的，假如害怕的话，他当初就不会做这项事业。

他叮嘱她要好好保养初愈的身体，并将她吃的西药药单留给她自己去配。

石评梅很不忍心高君宇离开，但是为了他的安全，她不能挽留他。

她默默地坐在那里，不知道说什么话来安慰他才好，但终于没有什么话说，就静静地听着他对她说着离别前的话语。

高君宇告诉石评梅，他这次想乘机回山西老家一趟，一则是为了看看他年迈的母亲，二则是为了解决他婚姻上的纠葛。高君宇的心里很苦，每次他想要说点表明自己心迹的话，却总因石评梅的冷淡而中止了。

于是，他只得低了头叹气，她也只是低了头咽泪，在这狂风暴雨的喧嚣中，他们两个却是相对而坐，却是死一般的沉寂。

到了九点半，高君宇起身告辞，石评梅留他多坐坐。

他在她日记本上写了一个"Bovia"留给她，说是以后因为通信都要受检查的缘故，他们都称呼彼此另外的名字，以便隐蔽。

他还说，这个名字他最爱，所以要赠给她，希望她永远保存着它。

石评梅强忍着泪水，点头答应了他的嘱咐，便要送他出门。

因为石评梅才大病初愈，高君宇担心她的身子禁不起风雨，便不准她出去，只让她送到外间。

他们互相道了珍重，高君宇便跑进了风雨里，石评梅站在那里看着她颀长的身影消失在无尽的黑暗中，心里很是不舍，也很为他担忧。

高君宇走后大约一个星期左右，便给石评梅寄了来信，信上说他已经安全到达了石家庄，只是因为那晚淋了雨而病倒了。

本来因为担心高君宇的安危，再加上身体还没完全恢复，石评梅的心情一直都不太好，因而，在收到他向她报平安的信后，她先前紧张不安的一颗心终于平静了，心情也好了很多。

没过两天，石评梅又收到了高君宇从天津寄来的一张画，是一片森林夹着一道清溪，树上地上都铺着一层雪，森林后是一抹红霞，照着雪地，照着树林。

在画的背后，有高君宇俊逸的字迹，上面写着：

> I have cast the world
> And think measnothing
> Yes I feel cold on snow-falling day
> And happy on flower day

石评梅很高兴高君宇在逃难的过程中是安然无恙的，不然他也不可能给她寄来这样一幅表明心迹的画，想来他现今定是安然无虞的。

然而，高君宇对她的牵念和心意，也令她常常忍不住自责、苦恼。

在写给小苹的信中，她曾提到过这件事，也坦白了自己当时的心绪："我常盼我的隐恨，能如水晶屏一样，令人清白了然；或者像一支红烛，摇曳在晦暗的帷底，使人感到光亮，这种自己不幸，同时又令别人不幸的事，使我愤怨诅咒上帝之不仁至永久，至无穷。"

过了一个多月，石评梅的身体已经痊愈了，精神也基本复原。

因为在病中一直很想念自己的父母，于是她决定回老家看看他们，顺便也散散心。

7月2日，石评梅乘车踏上了她渴望着的故乡界域。

火车一路飞驰，穿过巍峨的崇山峻岭，穿过夹道的绿树繁花，带着归心似箭的石评梅一路顺风地远道归来。下午三点钟左右，石评梅便站在桃花潭前的家门口了。

石评梅走上台阶，一只她以前很爱的小狗，在门口卧着，看见陌生的来客走来，就立马站起来摇着尾巴向她汪汪地狂叫。

这时候，石家的老园丁挑着一担水回来，看见她便惊喜地放下水担,颤巍巍地向她深深鞠了一躬,说:"小姐回来了!"

石评梅急忙走进了大门,一直向后院奔去,喊着母亲。

母亲闻声走了出来,看见是自己的女儿回来,顿时激动得热泪盈眶。

看见母亲,石评梅既高兴又莫名地感到些酸楚,她双膝跪在母亲面前,扑到她怀里,低了头抱着她的腿哀哀地哭了。

那一刹那的母女亲情,足以抵消过往所受的种种苦难,母亲的怀抱便是一切美好的所在。

在散文《素心》中,石评梅讲述了回家的种种经过,也描写了母女相见那一刻的感动和温情:

> 母亲老了,我数不清她鬓上的银丝又添几许?现在我确是一枝阳光下的蔷薇,在这温柔的母怀里又醉又懒。素心!你不要伤心你的漂泊,当我说到见了母亲的时候,你相信这刹那的快慰,已经是不可捉摸而消失的梦;有了团聚又衬出漂泊的可怜,但想到终不免要漂泊的时候,这团聚暂时的欢乐,岂不更增将来的怅惘?因之,我在笑语中低沉,沉默里饮泣。为什么呢?我怕将来的离别,我怕将来的漂泊。
>
> 只有母亲,她能知道我不敢告诉她的事!一天我早晨梳头,掉了好些头发,母亲忽然想起什么似的,问我这样一句说:"你在外边莫有生病吗?为什么你脸色黄瘦而且又掉头发呢?"素心!母亲是照见我的肺腑了,我不敢回答她,装着叫嫂嫂梳头,跑到她房里去流泪。

回到家的那几天，正午时分往往都会下一场暴雨，石评梅和家人躲在屋檐下看雨中的园景，倒也觉得格外的清新有趣。

荷花在雨中开得十分娇艳，荷叶上的雨珠像玉珠一般地往下滚落，小侄女昆林这时颇有见地地说了一句"大珠小珠落玉盘"，逗得全家人都喜笑颜开。

每到下午五六点钟的时候，雨停了，天空里布满了美丽的云霞，远处的山峰也隐约地罩着一层烟云。这时，石评梅就会陪父亲上楼去看那高低起伏的山城，在一片青翠的树林里掩映着天宁寺的双塔是极好望见的，偶尔还能听见阳春楼上的钟声断断续续地响彻在整个小城的上空。

在这纯然清澈却又带着几分神秘的大自然面前，石评梅陶醉了，心神都好像被洗涤，被抚慰了。

在家闲居的日子是轻松而愉快的，时光在欢乐中总是比较容易就溜过去了，一晃眼，石评梅已经回家十天有余了。

7月12日晚上，石评梅接到高君宇从上海寄过来的双挂号信，整整有20页之多。

高君宇在信中喜悦地告诉她，他已经回家解除了自己的婚约，彻底粉碎了束缚他的桎梏。

然而，石评梅却清楚地知道，为了重获自由之身，他也付出了惨重的代价，从此以后，他真的就是孤身只影地流落天涯，连这个礼教上应该敬爱的人都没有了。那一刻，她无法为他感到高兴，她甚至觉得他十分可怜，因为她终究是不能给他想要的幸福和圆满，而他所有的希望在她这里终归要成为一场泡影。

除了让他失望，让他伤心，她不能给他任何安慰，因而，在他无比开心地跟她分享喜悦的此时此刻，她却忍不住泪落满襟、伤心一片。

自从接到高君宇的来信后，石评梅就心事重重、坐卧不安，深重的隐恨压伏在她心上，令她感到窒息而又悲戚。

她不忍告诉高君宇他们之间不会有任何未来，然而又不愿他在这样的愿景里一日日虚耗，这两种意念就像一把锋利的锯刃，在她柔弱的心上拉扯着、僵持着，令她心乱如麻、痛不欲生。

有一天晚上，夜很深了，父母都已经入睡，石评梅却久久难以成眠，于是她悄悄起身踱步到前院的葡萄架下乘凉。

那时天空一片辽阔清净，明月当空晶莹地照着大地的一切，石评梅徜徉在这美妙的夜色里，脑中幻想着过去和未来的种种哀事，心中很是悲沉。

后来，她靠在一棵杨柳树上，微微地觉着花影动了，听到有轻轻的脚步声走来，她吓了一跳，细看才发现竟是嫂嫂。嫂嫂走过来手扶在石评梅的肩上，柔声地问道："妹妹你不睡，在这里干吗？近来我觉着你似乎常在沉思，你到底为了什么呢？亲爱的妹妹！你告诉我？"

在嫂嫂的询问声中，石评梅禁不住悲从中来，索性抱着她哭了起来。

那天晚上嫂嫂就陪她静静地坐着，偶尔说一两句安慰她的话，两个人就这样默默坐到了天明。

在家人的悉心陪伴和呵护中，石评梅感到分外的幸福和满足，然而那满怀愧疚和牵挂的心却总是在欢乐之余忍不住地悔恨、伤悲。

石评梅没有立即给高君宇回信，因为她不知道该如何开口，也不知道从何说起。

她没有那些能够让他喜笑颜开的话语来酬答，索性也就不再回信给他。

有时候沉默也是回应的一种方式，是一场温柔却又不动声色的拒绝和远离。

第四章
无限相思无限恨

独身夙愿

8月的小河村是宁静清新的，高远辽阔的天空蓝得耀眼，偶尔也会有几朵云耐不住寂寞，从天幕里钻出来，在浩瀚的晴空里游来游去，甚是可爱。石家花园的池塘里荷花已经含苞待放，摇曳的清香在阵阵的微风中扑鼻而来，令人忍不住沉醉。傍晚时节，那些聒噪的知了会躲在高树的隐秘角落，不歇不休地唱着谁也听不懂的夏末之歌，石家花园在这个时候最是热闹。

家人相处的乐趣是常常有的，特别是在这样舒服适宜的天气里，人的心情似乎也跟着愉快起来。虽说心中有些不能言语的伤心事，但是能和至亲至爱的家人在一起，石评梅感到很欣慰，而家里的幸福有时也让她觉得格外有趣。

石家有一个做粗活的女仆，已经五十多岁了，平日里很健谈，性格也很活泼。

每当石评梅他们一家人聚在一起沉默或谈笑时，她总会走上前来插科打诨一番，因之，石评梅的嫂嫂送了她一个绰号叫"刘姥姥"。

有一天晚上，石评梅的母亲送给她一件紫色芙蓉纱的褂子，是20年前的古董货了。

"刘姥姥"为此高兴得不得了，便立刻将褂子穿在身上，在院子里手舞足蹈地跳起来，姿势很夸张也很搞笑。一家人看着刘姥姥的滑稽样也禁不住笑了，小侄女昆林抱住了姑姑，笑得眼泪都出来了。石评梅的母亲原先在房里，后来也被笑声引了出来，等到石评梅的父亲回来后，刘姥姥才跳到房里去，但是石铭仍然看见了，也忍不住笑起来。

在这样浓厚喜悦的氛围中，石评梅才能暂时忘掉一切的烦恼，忘掉那前尘往事中的诸多悲哀。然而，幸福的时刻毕竟是短暂的，欢愉过后，那些恼人的情绪仍然萦绕在心头，挥之不去，也无法与人诉说。

在家休养了一月有余，石评梅决定回北京了，虽然暑假还没有结束，但是她已经决定好要提前回去。

石评梅的父母虽然舍不得女儿离开，但是他们也知道女儿有自己的世界，所以便没有多加强留。

在临走之前，石评梅去了吟梅的坟上向她告别，新坟上已经长了几株不知名的青草，在夕阳薄幕下，很是凄凉。石评梅将带来的祭品摆在她的坟前，长叹了一声，眼泪便涌了出来。

她知道吟梅死得可怜，也死得委屈，她完全是被黑暗的家庭、万恶的社会给活活逼死的！

吟梅生病了一年之久，石评梅每每想到她那没有希望的未来，便在私心里不希望她好转过来。

与其让她嫁给一个四十多岁的土豪乡绅做姨太太，石评梅倒愿意死神早早地解脱她的羁绊和痛苦，使她可以展开自由的翅膀，无拘无束地飞往她向往的那片天空。

现在，站在这荒冢孤墓前，与吟梅就这样默默地凄然相对，石评梅不免为她哀伤，也为她感到无限的凄凉。

回到北京后，石评梅见到了自己的一众好友，他们看到她的身体已经康复如初，不禁都为她感到由衷的高兴。

陆晶清和庐隐经常过来看她，三个人还是像旧时在学校里那般，高兴时便高歌狂欢，寥落时便互相取暖。

三个人之中，庐隐最有豪情，陆晶清最是活泼，而石评梅便是最伤感的那一个。

高君宇不在，石评梅经常携了她们两个人来陶然亭散心，以前不知觉的习惯，现在好像成了无聊生活里必需的调剂。

秋日的陶然亭别有一番景致，湖光山色，秋水长天，冷清中倒显出一派唯美的画面来。

对着这血阳黄昏里的潇潇秋景，石评梅不禁慨然长叹，紧紧握着身旁挚友的手讲起了自己的伤心事。她告诉陆晶清和庐隐，高君宇已经回老家解除了跟自己妻子的婚约，为此，他不惜与自己的家庭决裂，并且还修书一封给他的岳父，以表自己的决心。

在高君宇寄给石评梅长达20页的来信中，他还曾将自己当时写给岳父李存祥的信抄录给她：

岳父老先生：

我此次决定离婚，业已向令爱言明。令爱嫁我，也非她的本原。想令爱回去时必将此事陈明矣。

我之所以做出这样的决定，自信是为双方着想。我与令爱的婚姻，是两方长者的包办，这自不待言！

与令爱结婚至今，我始终是反对这门婚事的。我始终觉得与令爱不能结合。况且，我长久离家在外奔波，使我们俩人都陷于愁城苦海之中，毁了我，也毁了她。两个青年的青春，就这样永远地被埋葬了！这固然是封建礼教使然，又何尝不是通过双方长者的手造成的呢？岳父大人难道果真狠心今后不但使我，也使令爱的一生都埋葬在痛苦之中吗？

然而，我毕竟是四方云游之人。岳父大人倘若以为封建礼教真的是不该违抗的伦理道德，那么"三妻四妾"也是封建礼教所倡导的。照此办理，我何不在外另娶新妇以为终身伴侣呢？那样，所苦的，不就是永远独守空房的令爱了吗？那，她与我高家的奴仆又有何区别呢？令爱也是人！我之所以离家出走十年不归，不单是为了反抗这门包办婚姻，更是为了彻底埋葬这个吃人的旧礼教制度！

所以，为了我，也为了令爱的终身计，我不愿蹉跎下去，使双方终生痛苦，我毅然决定与令爱离婚！今日特向长者提出。

此事不免为乡俗所非议，但是，使令爱坑葬一生好呢，还是让令爱令开辟一新生命好呢？希岳父大人仔细权衡得失吧！

君宇
1924年6月24日

这样一封言辞恳切、情理兼容的请示信，让石评梅看到了高君宇的坚持，也看到了他的诚心。她深知他此次离婚的初衷，多半还是为了她，为了他们的未来。

石评梅曾经被已婚的吴天放欺骗过，那时的伤痛即使到如今她也刻苦铭心地记得，因而，那爱与被爱的勇气她早已是没有了。

高君宇一心以为石评梅是因为害怕重蹈覆辙，才对他的心意一拒再拒，迟迟不肯点头接受。然而，他哪里知道石评梅早已经抱定了独处一世、孑然一身的愿念呢？

"征鸿过尽，万千心事难寄"。

石评梅深谙高君宇的深情厚谊，然而却苦于不能给他任何回应，也不能给他任何希望。她在恨自己的无情时，也在为君宇伤心，可怜他痴情一片，等了又等，却始终等不到她的回心转意。

就像石评梅后来在哀悼君宇，诘问自己时所感叹的那般："我不解你那时柔情似水，为什么不能温暖了我心如铁？"

陆晶清和庐隐虽然同情于石评梅和高君宇的境遇，然而却无法给以适当的安慰，她们唯有陪着她沉默地看着那西山落日、暮霭晚霞，只求那片刻的宁静能让她万千的心绪有所寄托。

高君宇在逃亡的途中，每隔一段时间就会给石评梅来信，一来是为了告诉她自己的境况，二来是为了向她倾吐自己的相思之情。石评梅在他温情的关怀和炽烈的告白中，百般纠结，她既不愿伤害他，也不想勉强自己的心意。

经过反复的考量，石评梅最终还是决定将自己内心真实的想法告诉高君宇，哪怕会让他一时肝肠寸断，也比让他无端地抱有虚空的希望好。于是，在中秋节的前一日，石评梅写了一封长信给高君宇，希望他能明白自己的烦恼和苦衷。

1924年9月22日，高君宇在由上海去往广州的船上，给石评梅写了回信。

信里说到了她向他袒露过的矛盾心理，他为之心碎过，也曾

万分凄伤,但是却没有绝望,反而来宽慰她的心:

你中秋前一日的信,我于上船前一日接到。此信你说可以做我唯一知己的朋友。前于此的一信又说我们可以做以事业度过这一生的同志。你只会答复人家不需要的答复,你只会与人家订不需要的约束。

你明白地告诉我之后,我并不感到这消息的突兀,我只觉心中万分凄怆!我一边难过的是:世上只有吮血的人们是反对我们的,何以我唯一敬爱的人也不能同情于我们?我一边又替我自己难过,我已将一个心整个交给伊,何以事业上又不能使伊顺意?我是有两个世界的:一个世界一切都是属于你的,我是连灵魂都永禁的俘虏;在另一个世界里,我是不属于你,更不属于我自己,我只是历史使命的走卒。假使我要为自己打算,我可以去做禄蠹了,你不是也不希望我这样做吗?你不满意于我的事业,但却万分恳切地劝勉我努力此种事业;让我再不忆起你让步于吮血世界的结论,只悠久地钦佩你牺牲自己而鼓舞别人的义侠精神!

我何尝不知道:我是南北飘零,生活日在风波之中,我何忍使你同入此不安之状态;所以我决定:你的所愿,我将赴汤蹈火以求之,你的不所愿,我将赴汤蹈火以阻之。不能这样,我怎能说是爱你!从此我决心为我的事业奋斗,就这样飘零孤独度此一生,人生数十寒暑,死期忽忽即至,奚必坚执情感以为是。你不要以为对不起我,更不要为我伤心。

这些你都不要奇怪,我们是希望海上没有浪的,它应当平静如镜;可是我们又怎能使海上无浪?从此我已是傀儡生命了，为了你死，亦可以为了你生，你不能为了这样可傲慢一切的情形而愉快吗？我希望你从此愉快，但凡你能愉快，这世上是没有什么可使我悲哀了！

　　写到这里，我望望海水，海水是那样平静。好吧，我们互相遵守这些，去建筑一个富丽辉煌的生命，不管他生也好，死也好。

石评梅接到这封信以后，看了又看，觉得既喜且悲，比起他对她的一片痴情，她的薄情显得十分残忍。

然而，高君宇慷慨的话语却让她对眼下的人生有了另一种认识，也让她由此唤起了自己心中素来的理想宏愿。

石评梅劝高君宇不要耽于儿女私情，而忘了他的使命和事业，然而，正是这借口似的劝诫却让她意识到自己对这社会也还担着一份责任，有着一腔壮志豪情的热血。

与其让自己整天沉溺于悲观虚无的杂念中，还不如将这份心力投入到实际行动中，多做些于国于民都有利的实事。

石评梅遂回信给高君宇，告诉他自己现在的想法，得到了他的殷切鼓励，于是她便安心地投入到了自己的事业中。

石评梅因为自己和周遭朋友的遭遇，深感妇女问题是当今社会的痼疾，因而在授课之余也开始为之奔走呼号，并执笔写了很多揭露批判的实时文章。

正在这时，恰逢当时的进步报纸《京报》要增设副刊，并在社会上征求有组织的社团来编辑其新设副刊《妇女周刊》。

为了取得《妇女周刊》的编辑权，北京大学的学生欧阳兰和夏希等人发起成立了"蔷薇社"，旨在为妇女问题而发声立言。

石评梅和好友陆晶清很快就加入了"蔷薇社",并开始在上面发表了许多针对妇女现状讨论的文章。

为了早日争取到《妇女周刊》的编辑权,石评梅主动请缨,决定亲自去找《京报》的负责人邵飘萍先生谈谈。

11月的一个下午,当时已是深秋时节,满街的树叶都黄了,道路上落满一层枯叶。

石评梅按事先约定好的时间来到了《京报》的办公点,社长邵飘萍的办公室就在这里面。

她将自己的来意告诉给了办事人员,然后就被引进了邵飘萍的办公室。

一进办公室,石评梅就看到了墙上的"铁肩辣手"四个大字,遒劲有力,笔走龙蛇,相当有风骨。

明末官员杨椒山有诗云:"铁肩担道义,妙手著文章。"这四个字便是取其真谛,只不过邵飘萍将"妙"改成了"辣"字。

这倒是很符合他本人的著文风格,敢于痛陈腐败,针砭时事,遣词落笔之间满是激烈,没有什么是他不敢批判的。

邵飘萍热情周到地接待了石评梅,对于她的事迹,他是知道一些的,因而也很欣赏她。

石评梅知道邵飘萍工作很忙,没有时间陪她闲坐,因而就直截了当地将自己的来意说明,并将自己对接手《妇女周刊》后的几点工作设想提了出来:

一、粉碎偏枯的道德;

二、脱弃礼教的束缚;

三、发挥艺术的天才;

四、拯救沉溺的弱者;

五、创造未来的新生；

六、介绍海内外消息。

听了石评梅的介绍和设想，邵飘萍很是欣慰，他知道她写得一手好文章，却没料到她还有如此的见地和思想，确有"巾帼不让须眉"之豪情。

邵飘萍略略沉思了一番，觉得石评梅是个能担当大事的人，于是就当即决定将《妇女周刊》的编辑权授予"蔷薇社"。

临走时，他嘱咐石评梅一定要坚守《妇女周刊》的阵地，并能在六点设想的前提下争取做出更多的成绩来。

石评梅郑重地点点头，表示自己一定不负众望，会让《妇女周刊》继承着邵先生的斗志，一路勇敢无畏地走下去。

回来的路上，石评梅因为这振奋人心的好消息而兴奋着，激动着。

那秋日红艳的落日，和繁华的街景，伴随着她轻快的脚步移动着，满是生机和希望，好像也在应和着她那欢欣鼓舞的心情一般。

象牙戒指

邵飘萍先生答应将《妇女周刊》的编辑权交给"蔷薇社"，石评梅近来都万分高兴。

因为已经很久都没有过那样的好心情了，石评梅便约了陆晶清去雨华春吃螃蟹。她知道陆晶清喜欢喝几杯薄酒，其实量并不大，只是想效仿一下诗人名士的狂放。

当天晚上，石评梅的兴致很好，遂陪陆晶清喝了几杯。雪白的桌布上陈列着黄赭色的螃蟹，玻璃杯里斟满了玫瑰酒，一切都是应景般的美好。

陆晶清坐在石评梅的对面，却一句话也不说，一杯杯地接连喝着，似乎想用这不知愁滋味的酒来浇洒心中的块垒。石评梅手执酒杯望着窗外，猛然想到了桃花潭畔的母亲，忽而又沉思着似乎眼前现出一片汪洋的大海，海上漂着一只船，船头站着激昂慷慨，愿抛头颅洒热血为革命成功而奋斗的英雄。

在石评梅神思飞跃之际，陆晶清已经微微有些醉了，两腮的红仿佛天边的晚霞一般，一双惺忪蒙眬的眼睛直愣愣地盯着她端着酒杯的手。石评梅见状，不禁笑着问她："晶清！你真醉了吗？为什么总看着我的酒杯呢？"

"我不醉，我问你什么时候戴上那个戒指，是谁给你的？"陆晶清放下酒杯，郑重地问石评梅。

石评梅本觉得这是件极小的事情，但一经陆晶清这样郑重其事地的质问，她反感到有些不好开口。

她低了头望着手中血红潋滟的美酒，呆呆地不知道该如何说起。

陆晶清隔着咫尺的距离，似乎看出了她的隐情，便又问她："我知道是辛寄给你的吧！不过为什么他偏要给你这样惨白枯冷的东西？"

石评梅本是毫不在意的，但忽然听了陆晶清的这句话后，她的眼前似乎掠过了一个黑影，顿时觉得桌上的杯盘都旋转起来，眼睛里一片虚晃的黑暗。

石评梅就这样猝不及防地晕倒在桌子旁边，陆晶清被她吓了一跳，赶紧跑过来扶着她。

过了几分钟，她的神智终于清醒过来，便抬手又斟了一杯酒喝了，然后转过头对陆晶清说："真的醉了！"

陆晶清看石评梅这个样子，不觉得又是心疼又是难过，于是，她轻轻拍着她的肩，安慰道："你不要难受，告诉我你心里的烦恼，今天你一来我就看见你戴了这个戒指，我就想一定有来由，不然你决不戴这些妆饰品的，尤其这样惨白枯冷的东西。波微！你可能允许我脱掉它，我不愿意你戴着它。"

石评梅阻止了陆晶清，轻声说道："不能，晶清！我已经戴了它三天了，我已经决定戴着它和我的灵魂同在，原谅我朋友！我不能脱掉它。"

石评梅看着陆晶清听了她的话便呆滞在了那里，脸也渐渐地变成了惨白，眼睛里满含真诚的同情，这令她感到格外凄伤。

石评梅知道陆晶清是为了她好，是不想她将自己拿光华灿烂的命运束封在这惨白枯冷的圆环内。

晚上从饭馆出来已经很晚了，石评梅遂携了陆晶清和她一同回到了自己的宿舍，到了房间，她将高君宇随象牙戒指一道寄来的那封信拿出来给陆晶清看，信是这样写的：

我虽无力使海上无浪，但是经你正式决定了我们命运之后，我很相信这波涛山立狂风统治了我的心海，总有一天风平浪静，不管这是在千百年后，或者就是这握笔的即刻；我们只有候平静来临，死寂来临，假如这是我们所希望的。容易丢去了的，便是兢兢然恋守着的；愿我们的友谊也和双手一样，可以紧紧握着的，也可以轻轻放开。宇宙作如斯观，我们便毫无痛苦，且可与宇宙同在。

双十节商团袭击，我手曾受微伤。不知是幸呢还是不幸，流弹洞穿了汽车的玻璃，而我能坐在车里不死！这里我还留着几块碎玻璃，见你时赠你做个纪念。昨天我忽然很早起来跑到店里购了两个象牙戒指；一个大点的我自己带在手上，一个小的我寄给你，愿你承受了它。或许你不忍吧！再令它如红叶一样的命运。愿我们用"白"来纪念这枯骨般死静的生命。

陆晶清默然地看完了信，不再说任何反对的话了，然而心里却很为石评梅难过。

这时，陆晶清猛然见了石评梅手上的象牙戒指，便马上就沉默无语了。

石评梅虽然明白陆晶清的一片苦心，然而这一次，她却不能再次拒绝高君宇的一片诚意；更何况，他是以朋友之谊来赠她这象牙戒指的，她又有何不收之理呢？

私心上讲，石评梅自己也是极愿意接受这枚戒指的，她虽然不能接受高君宇，但是她早已经接受了他的心意。今生今世，他们是不能走到一起了，但是她希望有一个共同的信物，来见证他们之间坚贞不渝的情谊。象牙戒指即使是白色又有什么妨碍呢？她爱梅花的洁白，也爱这象牙的洁白，唯有白色才是世间最纯洁的颜色，她很庆幸高君宇送了她这象征着圣洁的象牙戒指。

此前在写给高君宇的信里，石评梅十分恳切地袒露了自己的心境，也向他表明了自己的态度。

高君宇爱慕她，也十分尊重她的意愿，所以他愿意用自己的一生来陪她走完这孤寂的人生路。

只要是她愿意的，只要是可以令她快乐的，任何事，他都能赴汤蹈火、在所不惜。

这样的一个男子，柔情如斯，坚强如斯，怎能让人忍心不去深爱呢？

石评梅只是觉得相见恨晚，她与高君宇仅有的那些缘分，足够让他们相识相知相交，却不足以令他们长相厮守。他终究还是来晚了一步，她终究还是要辜负他。

石评梅现在对前尘往事已经有些看开了，旧事不堪回首，她已经抱定了独身的想法。

对于未来，她只希望自己能在向往的事业上做出一番成就，其他的，她并不强求，也不奢望。

前段时间，石评梅刚回北京的时候，与陆晶清相聚在一起谈天，她们曾约定一起出一本诗集，名字都定好了，就叫《梅花陆晶清》。

陆晶清本来就极富诗情，作起诗来自然是才思泉涌，不在话下。

两个人的诗是早就写好了的，只是因为她们近来参加了"蔷薇社"，一直没有抽出空来为诗集进行编辑校对。

醉酒的当天晚上，石评梅为了转移陆晶清的注意力，便提到了这件事。

陆晶清听到后，拍了拍脑门，立马高兴起来，就与石评梅商量着要将这本诗集整理出来，尽快付梓发行。

石评梅知道陆晶清是个急性子的人，凡事想到了便要尽快去做的，便答应和她尽快完成剩余的工作，好让她早日见到她们二人的这本合集。

因为忙于《妇女周刊》的发行出版工作，石评梅和陆晶清只能抽出闲余的时间来校对诗集，直到11月末，他们的诗集《梅花陆晶清》才最终面世。

此时，《妇女周刊》的准备工作也完成得差不多了，石评梅为此成日忙碌奔波，总算是有了令她满意的结果。

1924年12月10日，《妇女周刊》在石评梅等人的奔走努力下终于印刊发行了，石评梅特地为《妇女周刊》撰写了发刊词：

光明灿烂的地球上，确有一部分的人，是禁锁幽闭，蜷伏在黑暗深邃的幕下；悠长的时间内，都在礼教的桎梏中呻吟，箝制的淫威下潜伏着。展开过去的历史，虽然未曾泯灭尽共支人类的女性之轴，不过我们的聪明智慧，大多数都努力于贤顺贞节，以占得一席，目为无上光荣。堪叹多少才能都埋没在柴米油盐，描鸾绣凤，除了少数垂帘秉政的政治家，吟风弄月的文学家。

至少我们积久的血泪，应该滴在地球上，激起同情；流到人心里，化作忏悔。相信我们的"力"可以粉碎桎梏！相信我们的"热"可以焚毁网罟！

数千年饮鸩如醴颔痛苦，我们去诉述此后永久的新生，我们去创造。

战栗的——不避畏浅薄，握破笔蘸血泪的尝试了。惭愧我们的才学，不敢效董狐之笔；但我们的愚志，希望如博流之椎。我们的努力愿意：

一、粉碎偏枯的道德

二、脱弃礼教的束缚

三、发挥艺术的天才

四、拯救沉溺的弱者

五、创造未来的新生

六、介绍海内外消息

大胆在荆棘黑暗的途中燃着这星星光焰，去觅东方的白采，黎明的曙辉。

抚着抖颤的心，虔诚向这小小的论坛宣誓：

弱小的火把，燎燃着世界荆丛；它是猛烈而光明！细微的呼声，振颤着人类的银铃；它是悠远而警深！

在《发刊词》中，石评梅痛陈社会的种种弊端，直指妇女问题的桎梏所在，情理兼容，大声疾呼，号召沉睡的人们赶快醒来加入到战斗的行列中来。

短短数百字却尽数历年来的种种痼疾，可谓是振聋发聩、振奋人心。

《妇女周刊》首刊一经发出，即在社会上引起了强烈的反响，很多读者都纷纷写来了表扬信，这让"蔷薇社"的一众成员都很受鼓舞。

没过多久，石评梅承担起了主编一职。石评梅尽心尽力、不辞劳苦，让刊物有了新的气象。

石评梅不仅亲自参与组稿、编辑等繁杂事务，而且还积极为《妇女周刊》撰写文稿。

仅在1924年末的后两个月里，她就先后撰写了《红粉骷髅》、《涛语·微醉之后》、《玉薇》、《同是上帝的女儿》、《谁的篮球》、《静听银涛咽最后一声》等多篇文章发表在《妇女周刊》上。

在石评梅的苦心经营下，《妇女周刊》获得了极大的成功，在出版界的名气也越来越大。

对于《妇女周刊》取得的可喜成绩，邵飘萍大为欣赏，他称《妇女周刊》是"妇女界之喉舌"，夸赞之情溢于言表。

石评梅深知自己要做的事还很多，《妇女周刊》虽说已经走上了正轨，但是仍需完善的工作也还有很多，因而，对于外界的褒扬称赞，她总是不以为意的，一心只为了能将刊物办好，能为社会做些己所能及的实事。

就在石评梅专心于妇女解放事业的同时，高君宇也在为革命事业而奔走劳累着，因为高君宇一直保持着和石评梅通信的习惯，所以他的境况她都是知道的。

高君宇到达广州后，恰逢广州商团发起叛乱，高君宇的指挥车曾被叛军的子弹击穿，高君宇因此负伤，但最终还是协助孙中山先生平定了这场叛乱。

高君宇本来就有肺病，经常咯血，在广州激烈的战斗生活，使他的身体更加孱弱，病情也加重了。

然而，高君宇并没有过多地考虑个人健康，当时正值中国社会存亡悲秋之际，他一心为了革命事业奋斗，其他的事情是极少会顾忌到的。

戴着同样的象牙戒指的两个人，一个为了妇女解放而在文艺界奋笔疾书、高声呐喊，一个为了革命前途而在天涯穷途、枪林弹雨中浴血奋战、奔波劳累。

舍弃了爱情的部分，他们还有友情和同志之情可以酬答往来、互通款曲，可以彼此鼓励、各自安慰。

君宇病重

在陪同孙中山先生北上的路途中，由于长时间的车马劳顿，再加上每天高强度的工作，高君宇本就积劳成疾的身体不堪重负，终于病倒了。

随即，他被人送进了北京的一家德国医院接受治疗。高君宇的病情来势汹汹，入院以后，虽然有医生和护士的精心看护，但是其病情并没有很快地好转起来。

高君宇住院的消息，石评梅并不是第一时间就知道的，而是过了好几天，由高君宇的好友兰辛等人打电话告知她的。石评梅接到电话后，立马赶往公交民巷的德国医院去看望高君宇。

高君宇当时在重病中，大多时间都是处于昏睡状态。

他实在是太累了，数年来的革命生涯让他的体力和精力严重透支，这些躺在病床上的日子于他来说简直就像是上天许他歇口气的恩赐一般。

因而，当石评梅推门走进他的病房，并站立在他的床边泪如雨下的时候，他都没有任何察觉。

石评梅看着躺在病床上脸色蜡白的高君宇，心里满是疼惜，只一个多月没见，他已经憔悴成了这般模样。他的眉头紧锁着，在睡梦中也没有舒展开来，她不知道此刻的他在忧虑着什么。

石评梅轻轻地走过去，抬手轻抚着他的眉心，想要给忧愁的他一些温柔的安慰。

就在这时，高君宇醒过来了，他睁开眼看着近在咫尺的她，有些惊异，愣了几秒后，他确认是她无疑了，便对她微微地笑了。

高君宇抬手握住她停在他眉间的手，眼神里满是爱意，这一刻的幸福是他梦寐以求的。

石评梅看到他枯瘦的手上戴着的那枚象牙戒指，心里不由得一怔，这戒指跟她的正好一对，就好似是他们的定情信物一般。

之前她自己一个人单独戴着的时候，她并没有觉得有什么特殊之处，直到亲眼看到他手上的戒指，她的心里便有了不一样的感觉。

她在高君宇的注视中微微地有些脸红，心里也不太平静，在她跟高君宇相处的过程中，这是从来都没有过的情况。

因为高君宇还在重病看护时期，所以石评梅不能在病房里待太长的时间，陪他简短地聊了一会儿以后，她嘱咐他要听医生的话好好休养身体，然后便心慌意乱地走出了医院。

自那次探望过高君宇以后，石评梅发现自己对他的心已经有了细微的变化，便一直没有勇气再去看他。

她怕敲那雪白的病房门，她怕走那很长的草地，在一种潜伏的心情下，她在年假前有两星期都没有去看他。

有一次，石评梅去东城参加一个宴会，回来的时候路过德国医院，便走进去看望高君宇。

她推门走进他的病房，他仍像上次一样昏睡着，眉头紧锁，嘴唇干枯，脸色依然是蜡白的。

　　石评梅就那样静静地望着他，在床前呆呆地站了将近20分钟，她低低地唤了他一声，便又伏在他的床边哭了。

　　石评梅怕自己的哭声惊醒了睡梦中的高君宇，便含悲忍泪，把她带给他的一束红梅花，插在了桌上的紫玉瓶里，随后在一张皱了的纸上留了一句话给他："高君宇，当梅香唤醒你的时候，我曾在你梦境中来过。"

　　自此以后，石评梅更不敢去看高君宇了，她连打电话给兰辛的勇气都没有。

　　一方面她害怕听到任何关于高君宇病情的消息，担心他的生命有危险；另一反面，为着自己心中的矛盾，她也没有十足的底气去面对他。

　　就这样过了好些天，到了放年假的第二天夜里，石评梅正在灯下替侄女昆林编一顶绒线帽，忽然小丫头送来了一封淡绿色的小信。

　　她拆开了一看，原来是云弟寄给她的，上面写着："高君宇已好了，他让我告诉你。还希望你去看看他，在这星期他要搬出医院了。"

　　得知高君宇病愈的消息，石评梅十分欣慰，那萦绕在心间多时的烦忧似乎也在刹那间忘记了，她决定去医院看他。

　　转过一条街就是德国医院，石评梅走到转角，就透过铁栏的窗格看见了高君宇。

　　他正低着头背着手在那枯黄的草地上来回踱着，步履还是那样迟缓而沉重。

石评梅走进医院的大门，他才看见她，随即很欢喜地迎着她说："朋友！在我们长期隔离间，我已好了，你来时我已可以出来接你了。"

石评梅笑笑："呵！感谢上帝的福佑，我能看见你由病床上起来……"

底下的话还没说完，石评梅就已经哽咽了。

在他这样欢畅的时刻，她不知道自己怎么就莫名其妙地觉得有些悲戚，于是暗暗地有些责怪自己。

石评梅知道高君宇并没有完全康复，别人或者看见他能起来，能自由走动，就以为他已经痊愈。但是她却不能这样想，她看到他的脸色依然是蜡白的，身形依旧是削瘦的，而他的心也渐渐地由激进热烈而转为了哀哀的一片死寂。

石评梅是懂他的，然而却不能给他想要的安慰，看着他现在这副模样，她的心也在悄悄地流着泪。

高君宇带石评梅回到了他的病房，他想要安慰她，却不知该说些什么。

高君宇环顾房间的四周，默然地叹息了一声说："朋友！我总觉得我是痛苦中浸淹了的幸福者，虽然我不曾获得什么，但是这小屋里我永远留恋它，这里有我的血，你的泪！仅仅这几幕人间悲剧已够我自豪了，我不应该在这人间还奢望着上帝所不许我的，我从此知所忏悔了！"

停顿了一会儿，他又说道："我的病还未好，昨天克老头儿警告我要静养六个月，不然怕转肺结核。"

石评梅觉得他在说自己的病情时似乎有些不高兴，她知道他一定也是在为自己的病烦闷着。过了一会儿，高君宇问她："世界上最远的地方是哪里呢？"

"便是我站着的地方。"石评梅很快地回答了他的这个问题。

高君宇听后不再说什么，只是惨然一笑，之后，两个人便都沉默了下来。

石评梅因为他这种坦然的态度而有些内疚，心里也忍不住地伤心起来。她为自己在他面前的躲闪感到可悲，也遗憾他们为了这些纠葛的情感，使那本应高兴的时刻就这样黯然地过去了。

这次来探病，石评梅感觉到高君宇的性情和心境都有了很大的变化。

他时时刻刻都表现出对她的体贴，对于她的疏远，他也表示能原谅她的苦衷，他对她的态度比之前更加坦白大方。

然而，石评梅早已看穿了他的心思，知道他是为了极力掩饰自己那颗伤痕累累的心才会如此，因而背地里也深感痛心。

为了让石评梅放宽心，高君宇那天还郑重地向她声明：

你还有什么不放心，我是飞入你手心的雪花，在你面前我没有自己。你所愿，我愿赴汤蹈火以寻求，你所不愿，我愿赴汤蹈火以避免。朋友，假如连这都不能，我怎能说是敬爱你的朋友呢！这便是你所认为的英雄主义时，我愿虔诚地在你世界里，赠与你永久的骄傲。这便是你所坚持的信念时，我愿替你完成这金坚玉洁的信念。

我在医院里这几天，悟到的哲理确乎不少，比如你手里的头绳，可以揣在怀里，可以扔在地下，可以编织成许多时新的花样。我想只要有头绳，一切权利自然操在我们手里，我们高兴编织成什么花样，就是什么。我们的世界是不长久的，何必顾虑许多呢！

我们高兴怎样，就怎样吧！我只诚恳地告诉你"爱"不是礼赠，假如爱是一样东西，那么赠之者受损失，而受之者亦不见得心安。

听着高君宇这些安慰的话，石评梅心里很是不忍，他本是缠绵病榻已久的人，现在反倒还要来安抚她这个狠心的人。

想到这里，石评梅不由得为他感到委屈，感到可怜。

然而，她已经是立过誓的人，为了自己的素志，她只能辜负他的痴情。

坐到晚上八点钟，石评梅起身告辞，高君宇穿上大衣要送她到门口。

她考虑到他才大病初愈，不想他冒着夜风出来送她，然而他一再坚持，她便只好依了他。

他们并肩在路灯下走过，她转过头看见他苍白的脸、颓丧的精神，不觉暗暗地伤心。

他只是陪她低了头慢慢地走着，出了东交民巷，给她雇好了车，才安心走回去。她站在原地，看着他颀长的身影缓缓地消失在尽头的黑暗里，才坐上车长长地呼了一口气。

1925年元旦那天，石评梅下午去医院看高君宇，再过几天，他就可以出院，因而她的心情也比前几次去探望他时要好得多。那时昨夜的残雪还未消，她轻踏着积雪去叩敲他的房门。推门进去，她看见他躺在床头向着窗在看书。

他并不知道进来的是她,还以为是值班的护士,便没有抬头,只是一页一页地翻着书。

石评梅脱了外面的皮袍,笑着蹲在他床边,手攀着床栏说:"辛,我特来给你拜年,祝你一年的健康和安怡。"

高君宇被突然出现的石评梅吓了一惊,见她蹲在地上不由得笑了,她见状便说:"辛,不准你笑!从今天这时起,你做个永久的祈祷,你须得诚心诚意地祈祷!"

"好,你告诉我祈祷什么?这空寂的世界我还有希冀吗?我既无希望,何必乞怜上帝,祷告他赐我福惠呢?朋友!你原谅我吧!我无力而且不愿做这环境中自骗的祈求了。"高君宇说罢,不觉苦涩地笑笑。

仅仅这几句话,却如冷水一般地浇在石评梅热血搏跃的心上,她看着高君宇在她满含欢欣的希望中奄奄地死寂了。

她知道,他是在诅咒这个不预备给他一点希冀的世界,因而他虔诚的心也逐渐变得厌弃了。

一时间只有沉默,她没有什么话可以安慰他。

窗外的白雪映照着玻璃上美丽的花纹,石评梅从高君宇那里回来后,便呆坐在妆台前发着呆。房中燃着熊熊的火炉,炉子上煨着清茶,水汽朦胧里泛着无声的空寂。

在这静籁的时空里,她的深思已经飘得很远,那些君宇与她梦过的梦境让她想到了人生的许多,就像她之前在她的散文《心之波》里所说的那般:

> 人生是不敢去预想未来,回忆过去的,只可合眼放步随造物者的低昂去。一切希望和烦恼,都可归到运命的括弧下。

积极方面斗争作去,终归于昙花一现,就消极方面挨延过去,依然一样的落花流水;所取的目的虽不同,而将来携手时,是同归于一点的。人生如沉醉的梦中,在梦中的时候一颦一笑,都是由衷的——发于至情的;迨警钟声唤醒噩梦后,回想是极无意识而且发笑的!人生观中一片片的回忆,也是这种现象。

梦中的一切毕竟都只是梦,石评梅知道自己本不应该想得太多,也不应该将本没有太多心思在这梦上的君宇也拉扯进来,于是凄然地对着镜子里的自己笑笑,觉得自己似乎太傻。

石评梅心想着,再过几天,高君宇就要出院了,眼看着他的身体一日比一日好,应该也不会有什么大的变化,于是也就略略放宽了心。

再度入院

隆冬时节的北京有一种不同寻常的美，四四方方的规整建构，在白雪的衬托下，让这座古城显得庄严肃穆、纯洁神圣。高君宇站在窗前，看着外面铺天盖地的雪景，心情却有些烦躁。

孙中山先生北上的消息已经在北京传开，这让整个冬日都沉睡着的京城有了些许热闹的氛围，所有人都引颈以待，希望能一睹国父的风采。

高君宇本来是孙中山先生此次北上的随身陪同，现在却因病在医院搁浅，心里自然有些着急。

他想着自己的病其实已经好得差不多了，而且再过几天就要出院了，所以思量着要亲自去迎接孙中山先生。石评梅和他的朋友们知道他的想法后，都不同意他提前出院，为此，高君宇左右矛盾，很是无奈。

石评梅知道高君宇为了革命事业是可以连自己的性命安危都不顾的，如果强行制止他提前出院，他一定会百般忧虑，到头来还会影响到他的病情。

因而，为了能让高君宇尽早放下心里的负担并安心养病，石评梅跟他商量后决定替他去迎接孙中山先生。对于石评梅的建议，高君宇之所以能欣然同意，是因为他相信石评梅的能力，同时他也是为了能让她去见见她一直以来都很钦佩的那位领袖伟人。

　　孙中山先生到达的那天，石评梅带领着师大附中的学生们一起去迎接，当时的场面很是壮观。石评梅激动地看着孙中山先生向他走近，她也快步走上前去和他握手，孙中山先生热情地和她打了招呼，并对她的迎接工作表示了由衷的感谢。那是石评梅第一次和领导人近距离的接触，而且还是和她从小就格外崇拜的孙中山先生，为此她的心里充满了感动和喜悦。

　　回到医院，石评梅将迎接孙中山先生的经过讲述给高君宇听，那时她激动的心还没有得到平静。高君宇看着她满是自豪和欣喜的脸上露出了难得的笑容，整个人都异常活泼，也不禁在心里为她感到高兴。

　　当然，这已经是几天前的事情了，高君宇还记得孙中山先生到来的第二天便是新年的元旦，石评梅在元旦的下午过来看他还是很开心的样子，仿佛沉浸在前一天的兴奋里没有平静下来。

　　在医院里度过了最后几天难熬的日子，高君宇终于获得医生的批准，可以出院了。

　　石评梅和他的一些朋友在他出院那天，都来看望他并表示祝贺，因为再一次重获了难得的自由，他那天的精神格外地好，心情也很愉悦。

　　石评梅担心高君宇出院后又忙于工作，而忽视了自己的健康，因而总是隔三差五地就去探望他。在她的监督下，高君宇也确实放下了手边的工作，只一心休养自己的身体。

　　有时候，一个人待着无聊，他便自己去石评梅的学校找她，等她上完课，他便邀她去陶然亭散步。

　　两个人再次来到陶然亭故地，一切如旧，仿佛以前的那段时光又被追回来了，他带着她穿行在湖畔柳林中，她一路跟随，那时的半山斜阳和天边晚霞都美得难以形容。

日子悠然而过，很快便到了年底，春节前过年的气氛也越来越浓厚了。

这一年的春节，石评梅没有回山西老家，所以便和北京的朋友们一起过了个有些冷清的除夕。

本来团圆宴安排得很丰盛，一点也不比家里的饭菜简单，但是因为少了家人相聚的温暖和喜庆，一群漂泊在外的游子们围坐在桌前也觉得有些孤单落寞。

正月初五那天，高君宇吃完午饭过来邀石评梅去陶然亭看雪景，石评梅正觉得一个人待在宿舍无聊得很，便欣然和他同往。

石评梅当时以为高君宇只是兴致使然，想和她一起来看看陶然亭的雪景，过后才知道，他其实是来给自己找墓地的。

这一切的一切，还是事后他写信告诉她的，而他在信上是这样写的：

珠！昨天是我们去游陶然亭的日子，也是我们历史上值得纪念的日子。我们的历史一半写于荒斋，一半写于医院，我希望将来便完成在这里。珠！你不要忘记了我的嘱托，并将一切经过永远记在心里。

我写在城根雪地上的字，你问我："毁掉吗？"随即提足准备去碴：我笑着但是十分勉强地说："碴去吧！"虽然你未曾真的将它碴掉，或者永远不会有人去把它碴掉；可是在你问我之后，我觉着我写的那"心珠"好像正开着的鲜花，忽然从枝头落在地上，而且马上便萎化了！我似乎亲眼看见那两个字于一分钟内，由活体立变成僵尸；当时由不得感到自己命运的悲惨，并有了一种送亡的心绪！所以到后来橘瓣落地，我利其一双成对，故用手杖掘了一个小坑埋入地下，笑说："埋葬了我们吧！"我当时实在是祷告埋葬了我那种悼亡的悲绪。我愿我不再那样易感，那种悲绪的确是已像橘瓣一样地埋葬了。

我从来信我是顶不成的，可是昨天发现有时你比我还不成。当我们过了葛母墓地往南走的时候，我发觉你有一种悲哀感触，或者因为我当时那些话说得令人太伤心了！哎！想起了，"我只合独葬荒丘"的话来，我不由地低着头叹了一口气。你似乎注意全移到我身上来笑唤："回来吧！"我转眼看你，适才的悲绪已完全消失了。就是这些不知不觉的转移，好像天幕之一角，偶然为急风吹起，使我得以窥见我的宇宙的隐秘，我的心意显着有些醉了。后来吃饭时候，我不过轻微地咳嗽了两下，你就那么着急起来；珠！你知道这些成就得一个世界是怎样伟大么？你知道这些更使一个心贴伏在爱之渊底吗？

在南下洼我持着线球，你织着绳衣，我们一边走一边说话，太阳加倍放些温暖送回我们；我们都感谢那样好的天气，是特为我们出游布置的。吃饭前有一个时候，你低下头织衣，我斜枕着手静静地望着你，那时候我脑际萦绕着一种绮思，我想和你说；但后来你抬起头来看了看我，我没有说什么，只拉着你的手腕紧紧握了一下。这些情形和苏伊士梦境归来一样，我永永远远不忘它们。

命运是我们手中的泥，我们将它团成什么样子，它就得成什么样子；别人不会给我们命运，更不要相信空牌位子前竹签洞中瞎碰出来的黄纸条儿。
　　我病现已算好那能会死呢！你不要常那样想。

　接到高君宇的信后，石评梅心中很是不安，隐约地为他担着心。

　与此同时，她也禁不住为他和她的情感纠葛而心痛，她知道自己的心，也知道他的，然而却没有办法说服自己打破心中的芥蒂。

　这一场迟到的爱意终究不能再挽回她的少年初心，也无法将她从那场刻骨铭心的情感阴影里拯救出来；她无法治愈自己，便不能坦然接受他的心意。

　过了几天，石评梅见高君宇没有过来找她，觉得有些异常，便自己去他的住处找他。

　石评梅没有想到的是，高君宇已经偷偷地离开北京去了上海，为了工作他再一次舍弃了自己的健康。

　高君宇留了告别的信件给石评梅，后来是兰辛转交给她的，为此，她又着急又为他担心。

　高君宇到达上海后，便投入了国民会议促成会的紧张筹备工作中。

　1925年3月1日，国民会议促成会代表大会开幕，高君宇受邀成为本次大会的代表之一。

　回到北京后，高君宇旧病未愈，新病又起，很快便又被送进了东交民巷的德国医院。

星期三下午，石评梅上完课便赶往医院去看他。那时他的病状已经很严重，只三天的工夫他就瘦得成了一把骨头，只有眼珠转动，嘴唇微微地翕动着，活像一具只有灵魂的躯壳。

石评梅不忍再看他那憔悴的样子，站在他的面前只是无声地落着泪，高君宇见状，眼泪也忍不住涌了出来。

那一刻石评梅向命运低头了，既然一切早已注定，她也不能再说什么；他早已把灵魂交给了她，把躯壳交给了死亡，她能做的也只有这样静静地陪着他。

高君宇躺在病床上，眼泪不住地从眼角滑落，他紧咬着下唇，缓缓抬起颤抖的手握住石评梅的手，半天才开口说："珠！什么时候你的泪才流完呢！"

石评梅听见他这句话后更加哽咽了，一时伤心，哭得抬不起头来。

他不忍目睹这悲情，遂掉过头去不看她，只深深地将头埋在枕头下。

后来，两个人的情绪都稳定下来，石评梅走上前去将他扶了起来，喂了点橘汁，他睡下后说了声："珠！我谢谢你这数月来的看护……"

底下的话他再也说不出来，只瞪着两个凹陷的眼睛凄然地望着她。

那时石评梅觉得异常恐惧，浑身都在冒冷汗，那一刻，她心里所有的防备和坚持都放下了，她害怕从此再也没机会听到他说话的声音。

于是她俯下身来,跪在他的病床前向他说:"辛,你假如仅仅是承受我的心时,现在我将这颗心双手献在你面前,我愿它永久用你的鲜血滋养,用你的热泪灌溉。辛,你真的爱我时,我知道你也能完成我的主义,因之我也愿你为了我牺牲,从此后我为了爱独身的,你也为了爱独身。"

高君宇听了石评梅的这一番话后,抬起头来握住她的手说:"珠!放心。我原谅你,至死我也能了解你,我不原谅时我不会这样缠绵地爱你了。但是,珠!一颗心的颁赐,不是病和死可以换来的,我也不肯用病和死,换你那颗本不愿给我的心。我现在并不希望得你的怜恤同情,我只让你知道世界上有我是最敬爱你的,我自己呢,也曾爱过一个值得我敬爱的你。珠!我就是死后,我也是敬爱你的,你放心!"

高君宇说这话时很有勇气,像对着万人演说时表现出的气概一般。

石评梅听了他的话,没有再说什么,只是默默地低了头垂泪。

这时,忽然有一个俄国少年走了进来,很诚恳地半跪着在高君宇枯蜡似的手背上吻了一吻,然后向他们默默望了几眼。

高君宇没有说话,只向他惨然笑了一笑,那个俄国少年遂转过身来向石评梅低低地说:"小姐!我祝福他病愈。"说完他便戴上帽子匆匆忙忙地走出去了。

没过一会儿,高君宇的腹部又开始绞痛起来,他疼得厉害,只在床上滚来滚去地呻吟,脸上一片煞白。石评梅看到他痛苦的样子,非常焦急,去叫他弟弟的差人此时还未回来,叫人去打电话赵兰新也不见回话,那时她完全失去了主意,只有握着他焦炽如焚的手垂着泪。

没过多久，高君宇的弟弟赶了过来，高君宇也没有和他多说话，只是告诉说他的肚子疼得厉害。

石评梅看着高君宇的情况比刚才稍稍好了一些，他弟弟也来了，心里便觉得安稳了一点。

她坐在椅子上开着抽屉无聊地翻着，忽然看见上星期五，他的那封家书，便拿起来又重新看了一遍。

这时，高君宇忽然掉过头来对她说："珠！真的，我忘记告你了，你把它们拿去好了，省得你再来一次检收。"

她听了他的话心里万分难过，但那时她以为是他在几次大病的心情下才会灰心地跟她说这些诀别的话，便没有十分地放在心上。

因为学校下午要开一个校务会，石评梅需要参加，便将接下来送高君宇转院的手续告诉给了静弟，临走时她站在他的窗前对他说："辛！你不用焦急，我已告诉静弟马上送你到协和去，学校开会我须去一趟，有空我就去看你。"

石评梅走后，兰辛和静弟下午就将高君宇送进了协和医院，院里的医生经过诊断说是急性盲肠炎，需要马上动手术割治，不然就会有生命危险。

恰巧那个时候静弟不在场，没有人能替他在手术单上签字，他便自己签了字要医院给他开刀。

兰辛当时曾阻止他，因为担心他那久病的身躯禁不住手术的折腾，为此他还笑兰辛胆小。

签字决定后，高君宇很快被送进了手术室去开刀，当时手术做得还算顺利。

高君宇开刀后，兰辛给石评梅打了一个电话，告诉她说他已经做了手术，现在精神很好。

过后，兰辛问高君宇："要不要波微来看你？"

高君宇笑了笑说："她愿意来，来看看也好，不来也好，省得她又要难过！"

兰辛等高君宇休息后，便又给石评梅打了一个电话："你暂时不去也好，这时候他太疲倦虚弱了，禁不住再受刺激，过一两天等高君宇好些再去吧！省得见了面都难过，于病人不大好。"

石评梅原本是打算去看高君宇的，但听了好友兰辛的话后，她决定暂时先不去打搅他。

她也知道他见了她自然是要难过的，所以为了他的病情考虑，她忍住了自己想要跑过去探望他的冲动。但是那时她的心里莫名地很不平静，像遗失了什么东西，总是感觉不自在，于是她又从家里跑到红楼去找陆晶清。

陆晶清见了石评梅，便问她高君宇的病况，她也一一地告诉给了陆晶清。

陆晶清知道石评梅的心绪不太好，就陪着她在自修室里转着，想要她舒缓一下心情。

石评梅在红楼待了很久，直到晚上七点钟才回到自己的宿舍，那时她的心很慌，连晚饭都没有吃就睡了。然而，躺在床上，她心里想着高君宇，却怎么也睡不着，心里只一心想立刻跑去看他。如果见了他，她决定向他忏悔，只要他能不死，她是什么都可以牺牲的。

直至到了这生死的关头，石评梅才明白了自己的心，她才意识到原来高君宇已经在她的心里占据了那么重要的位置。

她执着地坚持了那么久的独身素志,在她将要失去他的这最后一刻,已经土崩瓦解、灰飞烟灭了。

只要他能活着,她可以做任何事,甚至要她嫁给他,她也是心甘情愿的。

所有的花好月圆最怕的就是天有不测,这一刻,石评梅唯有在心里默默地虔诚祈祷,希望君宇能够等到她颔首浅笑的那一天。

生死别离

高君宇开刀后的那天晚上，石评梅心里一直有不好的预感，从陆晶清那里回来后，她夜里躺在床上，却辗转反侧，难以成眠。

很多画面在她混沌的脑海里晃过，过去的，未来的，许许多多，令她分不清现实跟梦境之间的界限。就在这样的朦胧中，她看见高君宇穿着一套玄色的西装，系着大红领结，右手拿着一支梅花，微笑着站立在她的面前。

她惊喜地叫了一声他的名字便醒了，那时已是深夜，四周的黑暗告诉她，刚刚的一切只是梦一场。

石评梅起身揭开帐帷，看见月亮正照在墙壁上一张祈祷图上，显得有些阴森恐怖。

她赶紧拧亮了电灯，看看表正是两点钟，时间还早，可是她完全睡不着了。

那一刻，她真想马上跑到医院去看高君宇，可是又知道现在是三更半夜，人们都已入睡，她在这黑夜里是无法去看他的。

在这样烦躁急切的心情里，她忍不住在屋里走来走去，心情忽然悲伤得无法自已，于是就跪在床边哭了。她把两臂向床里伸开，头埋在床上，哽咽着低低地呼唤着自己的母亲。

就这样苦苦地熬过了一夜，翌晨八点，石评梅到学校里去给兰辛打电话，但是没有打通。

她就坐在白屋的电话旁静寂地等待着，心里异常慌张，仿佛在等一个重大消息的来临。

12点半钟的时候，白屋的门砰的一声被推开了，进来的是陆晶清。

石评梅从电话旁站起来，看见陆晶清的脸色惨白一片，紧咬着下唇，声音颤抖得令她感到惊奇。她怔怔地看着石评梅愣了半晌，才说了一句话："菊姐有急事，请你去她那里。"

石评梅问她什么事竟这么急，但陆晶清就是不肯告诉她，只是含糊地说："你去好了，去了自然知道。"那时刚好有人送进午饭来，石评梅让陆晶清跟她吃了饭再去，但陆晶清不肯，执意催了她马上就走。

石评梅没奈何，便跟着陆晶清在慌乱中上了车，那时她心跳得格外厉害，头似乎都要炸裂了。

就这样一路安静地坐在车里，陆晶清一反常态，竟然一句话也没有，石评梅便转过头来问她："你告我实话，是不是高君宇死了！"

石评梅虽然如此问她，但是她很希望听到她否定的答案，希望这一切只是她自己的妄加揣测。然而，陆晶清并没有回答她，她只是将自己弱小的身躯伏在车上，把头深深地埋在围巾里。

那一刻，所有不好的预感都得到了证实，石评梅只感觉天旋地转，然后就晕了过去。

车子开到骑河楼，陆晶清将石评梅扶下车，菊姐已经迎了出来，云弟跟在她后面。

菊姐一看见石评梅，便马上跑过来抱住了她，并叫了一声："珠妹！"

这时石评梅才从恍惚中清醒过来，意识到高君宇是真的死了，便扑到菊姐的怀里叫了声"姐姐"又昏厥过去。

经过众人的呼叫和救治，石评梅才缓缓醒了过来，睁开眼看见屋里的人和东西时，就忍不住放声大哭起来。站着的一众好友也深有所感，跟着她悲伤地流着眼泪。

那时窗外的北风呼啸而过，伴着他们肝肠寸断的哀泣声，在静寂的空气中回旋着低低的回音。

没过多久，又来了几个高君宇的朋友，他们说五点钟入殓，黄昏时须要把棺材送到庙里去。

眼看着时间就要到了，众人都起身往医院走。到了协和医院，一进接待室，石评梅便看见了静弟，他看见她进来，便跑过来站在她身边哽咽地哭了。

她不知道该说什么，也不知道该怎样哭，那一刻仿佛所有的知觉都已麻木，因而她只是侧身望着豫王府富丽的建筑发着呆。在接待室坐了很久，医院的人都不让他们进去看高君宇，后来静弟告诉石评梅，说医院的人想留高君宇的尸体做解剖，被他们果断地回绝了，过一会儿便可进去看。

在这时候，石评梅忽然想起她和高君宇的那些信件，便让陆晶清陪了她到他住的地方去收拾。

一走进高君宇的屋子，石评梅便急跑了几步倒在了他的床上，看着屋里的事物依然，只是主人却已经不在了，心里就有百般滋味涌了上来。

石评梅想到三天前她来这里时，他还睡在这张床上，而三天后，她再来到这里，却是来料理他的身后事。她还记得那天黄昏，她在床前喂他喝橘汁，他还微笑着跟她说："谢谢你！"

如今屋里的一切布置照旧，他的微笑仿佛还在眼前，可是他却已经永远地离开了。

石评梅不敢睁开自己的眼睛，屋里的一切都似乎有他的影子，每看一眼，她的心便忍不住地泣着血泪。

陆晶清不忍看到石评梅如此伤心，便再三地去催促她，她才挣扎着从床上起来。

她走到书桌前打开高君宇的抽屉，里面已经清理好了，一捆一捆都是她寄给他的信，另外还有一封是他生病那晚写给她的，内容和口吻都是遗书的语调。

石评梅忍着悲痛将这封信从头看完，就在那一刻，她从他的信里获得了一种前所未有的力量。这力量让她下定决心去毁灭过去的种种桎梏，从此以后，她的那一颗碎心只给为她忧伤而死的高君宇，任何人任何事都不能再让她有丝毫的动摇。

此外，抽屉里还有一封信是给菊姐和云弟的，大意是说他病了恐不能再见到他们的离世遗言。

石评梅读完了那些信，浑身一片冰冷，从抚着信纸的指尖一直冷到了心里，眼泪也忍不住地往外涌。陆晶清见状，就赶紧过来再三地安抚她，劝她镇静下来，不要悲伤过度。

石评梅知道等会儿还要去见高君宇最后一面，遂暂且忍住悲哀，同陆晶清往外走。

陆晶清搀扶着她，出了房门，石评梅又回头仔细地看了看他生前住过的地方，每一角落都不忍错过。那一刻，她只愿自己的泪落在门前，留一个很深的痕迹，可以伴他永远。

这块地是他碎心埋情的地方，也是她含泪诀别的地方。

回到豫王府，殓衣已经准备好了，有人领了石评梅去冰室看高君宇的遗体。

转了几个弯便到了冰室，一股寒气迎面扑来，她忍不住打了一个寒战。

一块白色的木板上，放着高君宇冰冷的尸体，遍身都用白布包裹着，嘴巴鼻子和耳朵里都塞着棉花。石评梅赶紧走上前去，菊姐在后面拉住她，这时云弟说："不要紧，你让她看好了。"

石评梅站在高君宇的尸体旁，看到他的面目没有大变，只是脸色惨白，右眼闭了，左眼还微微睁开着。她抚着他的身体默默祈祷着，希望他能瞑目而终。

她知道，在这个世界上，他再没有什么要求和愿望了。

她仔细地看着他，他惨白的嘴唇，他无光而微微张开的左眼，还有他左手食指上的那枚象牙戒指。她还记得不久前，他从德国医院出院那天，她曾给他照了一张躺在床上的相，他两手抚胸，戴在手上的那枚象牙戒指在镜头里很是显眼。

这一刻，石评梅的心沉沦了，撕裂了，只有鲜红的血在一滴一滴流淌着。

她就这样极庄严神肃地站在那里，站在高君宇的身旁，其他人也静静地陪她低着头站在后面。

这时候天地万物都无声无息，宇宙是极其寂静，极其美丽，极其惨淡，极其悲哀的！

站在高君宇的尸体旁，石评梅心中有无限的悲哀，也有太多的不舍。

她真想在他身边多停留一会儿,让她能够静静地仔细地最后地注视他的容颜,哪怕只是一会儿也好。想到他临死前只是孤孤单单的一个人,身边连个可以告别和嘱托的人都没有,石评梅就不禁悲从中来,为他感到可怜。

她知道他在这世界已然是没有什么留恋,但是却忍不住想着,假如她或者兰辛能在他临终时陪在身边,他总可以瞑目而终,不至于睁着眼等着他们,也不至于在那阴森黯淡的病室里独自和死神做最后的抗争。

石评梅还记得前一个星期的深夜里,高君宇曾用颤抖的声音说:"我是生于孤零,死于孤零。"

而如今他的遗体周围虽然围满了前来垂吊哀泣的人,但是生魂远去的他又何尝需要这些呢?

就是她想用自己的一颗心来换回他,可是终究是不能了,于他而言,也没有了任何意义。

那一刻,石评梅不禁在心里哀叹着:"唉!辛!到如今我才认识你这颗迂回婉转的心,然而你为什么不扎挣去殉你的事业,做一个轰轰烈烈的英雄,你却柔情千缕,吐丝自缚,遗我以余憾长恨在这漠漠荒沙的人间呢?这岂是你所愿?这岂是我所愿吗?当我伫立在你的面前千唤不应的时候,你不懊悔吗?在这一刹那,我感到宇宙的空寂,这空寂永远包裹了我的生命;也许这在我以后的生命中,是一种平静空虚的愉快。辛!你是为了完成我这种愉快才毅然地离开我,离开这人间吗?"

这样的疑问里,石评梅最后看了一眼高君宇的遗容,然后转身一步一回首地离开了他。

那些不能言说的忧愁,都在这告别的脚步里,被她一一咽进了肚里。

　　装殓好后,石评梅本想再到棺前去看看他,可是有人阻止了她,她也没有再坚持着要去。

　　石评梅随着一群朋友从医院的前门绕到后门,看见门口已经停放着一副白色的棺材,旁边站满了北京那些穿团花绿衫的杠夫。这时无法形容的悲伤又从她的心底漫上来,这离她几步之遥的棺材,里面躺着的是从此就要与她天人永隔的朋友,这一别,将是天上人间不复再见了。

　　许多的朋友亲戚都站立在高君宇的棺前,石评梅和菊姐远远地倚着墙,一直呆呆地望着他的棺材。后来,有人在他的棺木上罩了一块红花绿底的绣幕,随后八个杠夫就将棺材抬了起来开始往前走。石评梅和菊姐雇了车跟着送高君宇到法华寺,那时已是黄昏,他的棺材一步一步经过了许多闹市,出了哈德门径直地往法华寺去了。

　　石评梅坐在车上紧紧地跟随着他的灵柩,想起几天前,她还曾陪他在这条道上漫步夕阳,没想到几天后,竟是她伴着他的棺材又走了这一条路。

　　她抬头望着那抬起的棺材,心中凄凉一片,不愿意相信那里面装着的便是她挚爱的高君宇。

　　到了法华寺,云弟陪石评梅他们走进了佛堂,过了一会儿,就安排了一间黯淡的僧房让他们休息。菊姐和陆晶清两个人扶着石评梅,她在这间幽暗的僧房里低低地哀泣着,听着外面杠夫安置棺材的动作和声音,她那早已不胜悲情的心又开始一片一片地碎了。

那一刻，她在心里默默喊着高君宇的名字，伤心地问着："辛！从此后你孤魂寂寞，飘游在这古庙深林，也还记得繁华的人间和一切系念你的人吗？"

这时，一阵阵风从破旧的纸窗缝里吹进来，把佛龛前的神灯吹得摇晃不定，石评梅抱膝蜷伏在黑暗的墙角，战栗的身体内包裹着的是一颗战栗的心。

陆晶清紧挨着坐在她身旁，握着她冰冷的手，也暗暗地流着眼泪。

夕阳照在淡黄的神幌上，一切都很寂静冷漠。

过了一会儿，静弟走进来请她出去，她便和陆晶清、菊姐一起走到院里，迎面看见高君宇的两个朋友走了过来，他们都用哀怜的目光注视着她。走到一间小屋子的门口，她看见棺材就停放在里面，棺前有一张方桌，罩着一幅白布蓝花的桌布，上面摆放着两支燃着的红烛，还有一个铜炉，炉中有香烟缭绕着。

石评梅怔怔地站在那里，忽然听见静弟哭着喊"哥哥"时，她也忍不住跟着他号啕痛哭起来。

夜幕一点点降临，在这凄惨的悲哭声中，黑夜悄悄地笼罩了大地。

这时，菊姐向陆晶清说："天晚了我们该回去了。"

石评梅听见后更觉伤心，日落了，她的生命和他的生命都沉落在一个永久不醒的梦里。

当那凄清的月光照在她的身上，洒在他的棺木上的时候，她只觉十年前尘恍如一梦。

静弟送他们到寺庙门前，含泪哽咽地向众人致谢，陆晶清和菊姐两个人都低头擦着眼泪。

石评梅猛然抬头看着门外的一片松林，晚霞在天边树梢照得鲜红，松林里隐约地露出几座孤寂的坟头。她呆呆地望着，只是没料到，那一幅凄凉悲壮的画面竟成了她此后生命的背景。

她指着那里向陆晶清说："你看！"

陆晶清也十分明白她的意思，便抚着她的肩说："现在你可以谢谢上帝！"

石评梅听了陆晶清的话暗暗地一惊，那心底的悲痛便决堤似的涌了出来，她遂靠在一棵松树上望着那片晚霞松涛，放声地痛哭起来。

那一刻，她无限悔恨，也在心里暗暗地埋怨着他猝然离别的狠心："辛！你到这时该忏悔吧！太忍心了，也太残酷了，你最后赐给我这样悲惨的景象，深印在我柔弱嫩小的心上；数年来冰雪友谊，到如今只博得隐恨千古，抚棺哀哭！辛！你为什么不流血沙场而死，你为什么不瘐毙狱中而死？却偏要含笑陈尸在玫瑰丛中，任刺针透进了你的心，任鲜血淹埋了你的身，站在你尸前哀悼痛苦你的，不是全国的民众，却是一个别有怀抱，负你深爱的人。辛！你不追悔吗？为了一个幻梦的追逐捕获，你遗弃不顾那另一世界的建设毁灭，轻轻地将生命迅速地结束，在你事业尚未成功的时候。到如今，只有诅咒我自己我是应负重重罪戾对于你的家庭和社会。我抱恨怕我纵有千点泪，也抵不了你一滴血，我用什么才能学识来完成你未竟的事业呢！更何况再说到我们自己心里的痕迹和环境一切的牵系！"

在日落后暮云苍茫的归途上，石评梅再一次晕了过去，醒来的时候已经躺在了菊姐的床上，床前站着她和高君宇的好些朋友，还有穿着白衣长褂的医生。

这时已经是深夜三点多钟了，窗外有一轮冷月兀自散发着清幽的光芒。众人看到她幽幽地醒转过来，不觉有些高兴，然而她的心里却只有一片死寂和冷清。

以后的人生再也不会有情感的纠缠，高君宇去了，石评梅的那颗心也随他去了。

他们的身体被生生地分割在天上人间，然而，从此以后，他们的心却紧紧地靠在了一起。

黎明晨曦时，她想他；

日落黄昏时，她想他；

花开花落，四季轮回，她依然想念他；

只是，想念他！

相思情深

假如这是个梦，
我愿温馨的梦儿永不醒；
假如这是个谜，
我愿新奇的谜儿猜不透，
闪烁的美丽星花，
哀怨的凄凉箫声，
你告诉我什么？
他在人间还是在天上？
我不怕你飘游到天边，
天边的燕儿，
可以衔红笺寄窗前，
我不怕你流落到海滨，
海滨的花瓣，
可以漂送我到我家的河边。
这一去渺茫音信沉：
唤你哭你都不应！
英雄呵！
归不归由你，

只愿告诉我你魂儿在哪里?
你任马蹄儿践踏了名园花草,
又航着你那漂流无归的船儿,
向海上触礁!
迅速似火花的熄灭,
倏忽似流星的陨坠;
悄悄地离开世界,
走到那死静的湖里。
我扬着你爱的红旗,
站在高峰上招展地唤你!
我采了你爱的玫瑰,
放在你心上温暖着救你!
可怜我焚炽的心臆呵!
希望你出去远征,
疑惑你有意躲避。
但陈列的死尸他又是谁?
人们都说那就是你!
冰冷僵硬的尸骸呵!
你莫有流尽的血,
是否尚在沸腾?
你莫有平静的心,
是否尚在跃动?
我只愁薄薄的棺儿,
载不了你负去的怨恨!
我只愁浅浅的黄土,

埋不了你永久的英魂！
你得到了永久的寂静，
一撒手万事都空。
只有我清癯的瘦影。
徘徊在古庙深林；
只有我凄凉的哭声，
漂浮在云边天心。
你既然来也无踪，
去也无影；
又何必在人间寻觅同情？
这世界只剩下了凄风黄沙，
我宛如静夜里坟上的磷花；
朦胧的月儿遮了愁幕，
幽咽的水涧似乎低诉？
这不过一副薄薄的棺，
阻隔了一切，
比碧水青山都遥远！
啊！梦吗？似真似幻？

——《痛哭英雄》

　　高君宇去世后不久，石评梅相思情深，遂写了这首诗来悼念他。

　　那些字句间的哀痛和深情，缠绵幽怨，见之怆然，令人不忍卒读。

　　在夜夜的春雨中，石评梅看着案头摆放着的高君宇的遗像，思念刻骨，悲不自胜，于是就常常伴着深夜的孤灯哀哀地痛哭着。

每每想到君宇的死，她便也恨不得自己立刻死去，好让自己伴着他的英魂，去完成他们生前的那些遗憾。当他已经远远地离去后，她才深深地感觉到，这世界上只有他才是她忠诚的情人，也只有他才是她灵魂的守护者。然而，逝者已矣，除了悼念，她什么也不能为他做。

高君宇的追悼大会定在3月29日这天，之前兰辛他们来林校长家找过石评梅（石评梅在1924年大病一场后便搬进了林校长家里住），劝她不要去追悼会现场，以免伤心过度影响了身体。

石评梅开始坚决不同意，但是经过兰辛等一众好友的苦劝，她还是听从了他们的建议。

石评梅亲自写了一对挽联让他们带去，以示她对君宇的一番深情：碧海青天无限路，更知何日重逢君。

高君宇生前曾告诉过石评梅，死后想长眠于陶然亭畔，年初的时候，他邀她雪后同游陶然亭，并已经给自己选好了墓地。

在一众朋友的帮助下，高君宇被安葬在了陶然亭旁，他的墓碑上还有石评梅亲手为他刻下的碑文，字句是高君宇去世前写下的：

> 我是宝剑，我是火花。
> 我愿生如闪电之耀眼，
> 我愿死如彗星之迅忽。

除此之外，石评梅还在墓碑旁写了自己的几句话留给他：

这是君宇生前自题像片上的几句话，死后我替他刊在碑上。

君宇！我无力挽住你迅忽如彗星之生命，我只有把剩下的泪流到你坟头，直到我不能来看你的时候。

评梅

自此以后，石评梅就常常守在高君宇的墓旁，有时迎着朝阳来看他，有时伴着落日来看他，阴雨时来，风雪时也来。她常常倚坐在他的坟墓旁，想着那些和他有关的往事，仿佛他此刻就在她身边陪着她一样。那是属于他们两个人独有的心境，在四目无人的荒野里，她依傍在孤零的他身旁，流着伤心的泪，唱着凄怆的《墓畔哀歌》：

假如我的眼泪真凝成一粒一粒珍珠，到如今我已替你缀织成绕你玉颈的围巾。

假如我的相思真化作一颗一颗的红豆，到如今我已替你堆集永久勿忘的爱心。

哀愁深埋在我心头。

我愿燃烧我的肉身化成灰烬，我愿放浪我的热情怒涛汹涌，天呵！这蛇似的蜿蜒，蚕似的缠绵，就这样悄悄地偷去了我生命的青焰。

我爱，我吻遍你墓头青草在日落黄昏；我祷告，就是空幻的梦吧，也让我再见见你的英魂。

高君宇离世后的每一个夜晚，对于石评梅而言，都是凄伤的夜晚。

每当她在床上辗转难眠时,他的音容笑貌便浮现在她的脑海里,那些历历在目的往事也跟着像潮水一般涌过来,将她扑倒,将她淹没。

枕巾总是湿了又湿,而那无尽的眼泪却从来都干不了,一夜煎熬,却总是在泪水的浸泡里度过。关于他的回忆实在是太多了,她一直亏欠他太多,现在想起来都只能遗憾。

石评梅在黑色的夜里叹息,连回音都是寂寞的,就像在那荒野里一样寂寞的君宇一般。

睡不着的时候,她常常起身去看那些他先前写给她的信,那些字句和笔迹仍然清晰,只是书写之人已不在了。窗外淅淅沥沥,是下雨了,就像静夜里的哀泣一般,一点一滴落在人的心上。

石评梅打开抽屉拿出一本红色书皮的日记来,一页一页地翻着,忽然那枚红叶便现出来了。

这一片红叶夹在她日记本里已经两个多月了,是高君宇死后她从他那里拿回来的。

高君宇生前她没能接受这一片红叶,在他死后,她接受了它,并愿意永生永世地保存着它。

前一段时间,她为了逃避现实,不愿意碰触任何关于高君宇的东西,她怕那些有关的回忆会让她肝肠寸断、悲不自胜。因而就连这一片红叶也从来不敢看它,于她而言,它是一个灵魂孕育的产儿,同时又是悲惨命运的纽结。

而现在,她终于不再逃避,刻骨的思念让她忍不住想要寻一些与他有关的事物,来安慰她那颗因为悲伤而万分寂寞的心。谁能想到这薄薄的一片红叶，里面竟交织着不可捉摸的生死之谜呢？如今，她已经是泣伏在红叶下的俘虏，但她却心甘情愿，毫无怨言。

清明那天，石评梅去法华寺哀悼高君宇，归来的途中，她忽然想为自己的父亲和母亲织一件绳衣。那个时候她怀着一颗绝望的心，怕自己将来会早走于父母之前，想在自己去了以后，留给父母一两件可供回忆纪念的物件。

她希望父母穿上这件绳衣时，也能想到他们的女儿在编织时的那种忧郁和伤心，如此这般，也算是他们骨肉之间的心灵相通了。

夜里入睡失眠的时候总是很多，石评梅便索性起身坐在灯下来给双亲织绳衣。那时候，她的案头放着一个银框，里面嵌着的是君宇的遗像，相框前面放着一个紫玉花瓶，瓶里插着几支玉簪，在花香弥漫中，她低了头静静地织衣。

疲倦了的时候，她就抬起头看看君宇，思绪万千。

深夜里风声肆掠，尘沙也被吹起向窗纸上瑟瑟地扑来，一片凄凄切切。她不理外面的纷扰，依然低了头织她的绳衣，一直到累极了伏在桌上睡去。

就这样过了七夜，父亲的绳衣终于织好了，她便先给父亲寄了回去。

石评梅的父亲收到女儿亲手编织的绳衣，喜极而泣，感慨万千，便立马写信给她，说："……明知道你的心情是如何的恶劣，你的事务又很冗繁，但是你偏在这时候，日夜为我结织这件绳衣，远道寄来，与你父亲防御春寒。你的意思我自然喜欢，但是想到儿一腔不可宣泄的苦衷时，我焉能不为汝凄然！……"

读完父亲的来信，石评梅觉得很惭愧，纵然她自己的命运负她，但是她知道父母从未辜负过她。他们希望于她的，也正是她愿为了他们而努力的。

父亲微笑中的泪珠，让她的良心受到了莫大的谴责，她只愿暑假快快到来，让她带着这满身伤痕，扑向母亲的怀里纵情大哭一场。

在这样的心境下，她写了《父亲的绳衣》，开头便袒露了自己近来的心怀：

"荣枯事过都成梦，忧喜情忘便是禅。"人生本来一梦，在当时兴致勃然，未尝不感到香馥温暖，繁华清丽。至于一枕凄凉，万象皆空的时候，什么是值得喜欢的事情，什么是值得流泪的事情？我们是生在世界上的，只好安于这种生活方程，悄悄地让岁月飞逝过去。消磨着这生命的过程，明知是镜花般不过是一瞥的幻梦，但是我们的情感依然随着遭遇而变迁。为了高君宇的死，令我觉悟了从前太认真人生的错误，同时忏悔我受了社会万恶的蒙蔽。死了的明显是高君宇的躯壳，死了的惨淡潜隐便是我这颗心，他可诅咒我的残忍，但是我呢，也一样是啮残下的牺牲者呵！

我的生活是陷入矛盾的，高君宇常想着只要他走了，我的腐蚀的痛苦即刻可以消逝。这是一个错误的观念，事实上矛盾痛苦是永不能免除的。现在我依然沉陷在这心情下，为了这样矛盾的危险，我的态度自然也变了，有时的行为常令人莫名其妙。

这种意思不仅父亲不了解，就连我自己何尝知道我最后一日的事实；就是近来倏起倏灭的心思，自己每感到奇特惊异。

从高君宇生病住院到最后离世，石评梅一直生活在死亡的阴影里，她怕看到任何与死亡相关的东西，也怕听到任何相关的话语。那时她的心是悲痛的，也是敏感的，任何一点小的刺激，都能让她悲从中来，泪流满面。

整天沉溺在这样的心绪中，石评梅也察觉到自己的情绪太容易起伏，她想挣扎着走出来，然而却总是找不到解救的方法。

曾经有一段时间，她悲伤过度，常常觉得痛不欲生。

但一想到家中逐日老去的父母，她便开始回心转意了，因为她不想将这生离死别的哀痛留给父母来品尝。为了转移那随时都可能侵袭而来的哀痛，石评梅一直让自己处于忙碌的状态，在学校里总是尽量安排多一点的课，空闲的时候，也开始为一些进步的报刊杂志写一些文章。在这些有意义的忙碌里，她渐渐领略了活着的意义，也愿意用自己的余生来继续她一直向往的，也是君宇希望她做的进步事业中去。

在《缄情寄向黄泉》中，她终于用了平静的心情，来对他诉说她以后的人生期望：

辛！你的生命虽不幸早被腐蚀而夭逝，不过我也不过分地再悼憾你在宇宙间曾存留的幻体。我相信只要我自己生命闪耀存在于宇宙一天，你是和我同在的。辛！你要求于人间的，你希望于我自己的，或许便是这些吧！

　　深刻的情感是受过长久的理智的熏陶的。是由深谷底潜流中一滴一滴渗透出来的。我是投自己于悲剧中而体验人生的。所以我便牺牲人间一切的虚荣和幸福，在这冷墟上，你的坟墓上，培植我用血泪浇洒的这束野花来装饰点缀我们自己创造下的生命。辛！除了这些我不愿再告你什么，我想你果真有灵，也许赞助我一样的努力。

高君宇死后，石评梅在悲伤沉寂的心境中，经历浮沉，一路煎熬，终于更深地认识了自己，也了解了自己。

她原本以为自己只有追随他而去，生命里的那些遗憾才可以就此圆满。

然而时间和经历让她最终明白，一个完成的圆满生命是不能被消灭，也不能被丢弃的，有很多人确实希望她这样做，然而她知道自己不能。

人只要活着，便要一直向前走着，用自己有限的生命去创造，去奉献。

朋友之中，邵乃贤很了解石评梅，他曾这样评价她："她生来是一道大江，你只应疏凿沙石让她舒畅地流入大海，断不可堵塞江口，把水引去点缀帝王之家的宫殿楼台。"

如今，她确乎是找到自己的另一种真实的生命，经由积沙的岩石旋涡中挣扎着，最终汇入了平静的海道中。她承载着过去的种种，纵然心酸，纵然悲苦，她还是会咬牙坚持，一步一步地迈向未来，向着高君宇生前未能走完的那条路前进着，努力着。

第五章
最是人间留不住

伤心故里

1925年5月30日，上海学生两千余人在租界内散发传单，发表演说，抗议日本纱厂资本家镇压工人大罢工、打死工人顾正红的暴行，声援工人运动，并号召收回租界，最后被英国巡捕逮捕一百余人。

下午时分，万余名群众聚集在英租界南京路老闸巡捕房门首，要求释放被捕学生，并高呼"打倒帝国主义"等口号，场面十分壮观。英国巡捕为了恐吓示威游行民众，竟开枪射击，当场打死13人，致使数十人重伤，随后又逮捕一百五十余人，造成了震惊中外的"五卅惨案"。

石评梅得知消息后，悲愤不已，为了声援此次反帝爱国运动，她在《妇女周刊》上发表了一则《本刊编辑部特别启事》："沪汉惨屠，举国痛愤！国人等为救亡，为存种，曾发表宣言，刊行特号，捐助款项，救济难民。兹复决定，多载关于沪汉问题之文字，以引起国人注意。冀万众一心，同仇敌忾，作外交之后盾，为决战之先声。务使大白冤魂，一洗国耻后已。唯同人等绵力有限，独木难支。尚望社外同志赐以宏文佳作，以匡不替，用济时艰……"

"五卅惨案"的发生，惊醒石评梅那颗沉睡的心，也让她意识到了自己应该承担的社会责任。

高君宇走后,她的思想曾经颓废过一段时间,然而,她并没有就此沉沦。

现在,她终于再一次找到了自己的人生目标,也明确了奋斗方向,她将带着高君宇不死的革命精神坚强地走下去。

自高君宇离世后,石评梅忧郁成疾,身体一直不是很好。

然而,不久后她又遭遇了一场不幸的车祸,幸而只是虚惊一场,从电车轮下逃脱,没有什么大的损伤。石评梅被送进了医院,好友漱玉本来第二天就要离开北京去往天津的,但考虑到她受了伤,便前往医院来照看她。

被送到医院后,石评梅一直处于昏迷的状态,直至到了半夜时分她才惊醒过来。护士进来给她量了体温,临走时还细声安慰了她几句,石评梅对她天使般的温暖充满了感激:"我合掌谢谢她的来临,我像个小白羊,离群倒卧在黄沙凄迷的荒场,她像月光下的牧羊女郎,抚慰着我的惊魂,吻照着我的创伤,使我由她洁白仁爱的光里,看见了我一切亲爱的人,忘记了我一切的创痛。"

护士走后,石评梅心绪烦乱,便再也睡不着了。

这惨白的病室,洁白的床单令她想起了君宇住院时的点点滴滴,也忍不住想到了他的死,心里便万般地痛了起来。

她起身去按电铃,对面小床上的漱玉醒了,便下床来看她。

石评梅拉她坐在床边,说:"漱妹,你不要睡了,再有两夜你就离开我去了,好不好今夜我俩联床谈心?"

漱玉半天没说话,只不停地帮她按电铃,石评梅默默望着她娇小的背影咽着泪。

不一会儿，护士进来给石评梅换了冰囊后，漱玉又来到她床前去看她刚才的温度，在灯下呆立了半晌，她才说："你病未脱险期，要好好静养，不能多费心思多说话，你忘记了刚才看护嘱咐你的话吗？"

漱玉说话的声音有点颤抖，而且她的头也低低地垂着。

石评梅看着她如此伤怀的样子，便不再强求，两个各怀伤心事的人遂各自默默无言地相对着。

漱玉在上床之前，喂石评梅喝了点牛奶，然后便沉默着走到她自己的床边。

石评梅望着她沉重的双肩长叹了一声，漱玉察觉了，便回头向她苦笑着问："为什么？"

石评梅不知道该说什么，便摇摇头说："不知道。"

漱玉遂坐在床上翻起了一本书，石评梅知道她心情零乱，大概也是睡不着的。

她想找她说说话，但是她知道漱玉此刻一定不想扰乱她的睡眠，所以便打消了这个念头，独自躺在床上胡思乱想着。

心绪万端时，石评梅想到了自己的母亲。

母亲的怀抱总是让人眷念，尤其是在伤心落寞之时，那种思念就更加浓烈。

石评梅想着，今夜的母亲一定进入了睡梦中，然而却不知道母亲的梦里是否有她的身影。

她在心里打定主意，是决计不会将自己这次从车轮下侥幸逃生的险事告诉母亲的，为了她，母亲已经操碎了心，她实在不忍心再让她伤心。

她告诉自己要珍视身体，因为她不忍也不能抛弃她的双亲，想到这里，她的眼泪便悄悄地落了下来。此时，漱玉已蜷伏在床上睡着了，而她想睡却也睡不着，于是起身走到了窗前。

她轻轻地将绿色的窗帷拉开，外面的夜一片静寂，惨白的月光照了进来。

在淡淡的清辉中，她抬头望着天上的残月和疏星，低头看见花圃中央的大理石的雕像，怔怔地陷入了一片沉思之中。

她静静地倚在窗前，想到天明后漱玉就要离开，又想到自己从死神羽翼下逃回的残躯，心中万分心酸，眼泪便情不自禁地涌了出来。

从医院出院没多久，学校里放了暑假，石评梅简单地收拾了一些行李，便踏上了回家的归途。那时国内局势动乱，连她僻静的家乡也不能免于军阀混战的炮火，在回家的路上，她有些担心，也有些心急。

终于，经过长时间的疾驰，火车终于到站了，夕阳半山的落日黄昏里，她归来了。

过了南天门的长山坡，远远望见翠绿丛中的一带红墙，那就是孔子庙前她的家了。那一刻，石评梅心中百感交集，她想着不仅自己就连自己的家，也都是经历了一场浩劫后的重生，便有了些庆幸。在这样的乱世里，能够简单地活着，也是一种莫大的幸运。

到了城门口，石评梅忽然听见有人喊她的名字，那时候树上的蝉鸣也在聒噪着，她没有听清叫她的人。于是，她回头对跟随在身后的小童说："珑珑！听谁叫我呢！你跑到前边看看。"正在这时，她又听见了一声呼唤，便听清了是父亲的声音。驴儿过了城洞，她望见了一个新的炮垒，然后便看见父亲穿着白袍，站在那土丘的高处向她微微地招手。她慌忙从驴背上下来，一下子跑到父亲的跟前站定，那一刻，她哽咽万分，眼泪便簌簌地掉了下来。她怕父亲见了难过，便不敢抬起头来，也说不出话来。父亲用他慈爱的手抚摩着她的短发，她的心里便觉得万分舒适欢愉了，心情也慢慢地好转起来。沉默了一会儿，她抬起头，看着父亲比上次临别时老了许多，面容还是那样慈祥，但是举动却显得有些龙钟了。

石评梅扶着父亲下了土坡，沿着柳林的道路慢慢走着，说着路上归来的情况。她向父亲问了家中各人的健康，父亲告诉她，有的死了，有的还健在。随行的小童珑珑早已赶着驴儿向前走了，她和父亲缓步在黄昏山色中，不疾不徐。过了孔庙的红墙，她看见她骑的那只驴已经被拴在了那棵老槐树上，小侄女昆林正在帮珑珑拿东西。昆林转过头看见她来了，便把手里的东西扔了跑过来，喊了一声："梅姑！"她似乎有点害羞，喊了一声便马上低了头，石评梅走上前去握了她的手仔细地端详着。一年没见，她发觉昆林越发长得好看了，一头墨云似的头发，衬着她雪白的脸蛋，睫毛下一双大眼睛澄碧灵活，更显出她的灵动可爱。

携了昆林走进大门，石评梅看见母亲和一个不认识的女人坐在院子里的葡萄架下，嫂嫂正在洗手。她们看见她回来了，都异常高兴。

母亲向她介绍身边的妇人，原来是新娶过来的八婶，石评梅便礼貌地笑着打了招呼。一家人吃过晚饭，谈了谈奉军春天攻破娘子关的恐怖情形，时候已不早了，母亲便催她上楼去休息。

那几间楼房完全是为她特地准备的，在她回来之前，母亲就早早地收拾妥当了。她走上去一看，真是窗明几净，连日来旅途奔波的疲累也在这舒适贴心的环境中得到了慰藉和缓解。

每年回来走进这楼房，石评梅看见房里的布置依然，一切都没有变化，只是她年年归来时的心情却很是不同。她扶着石栏看着紫光弥漫中的山城，还有那天宁寺矗立着的双塔，心中的烦闷也在那刹那间荡然无存了。

沐浴在这苍茫的暮色之下，一切扰攘奔波的梦在这一刻都霍然苏醒了，石评梅沉浸在这宁静祥和的美好里，仿佛置身在仙境中一般。

极目远望，她看见一片翠挺披拂的玉米田，玉米田后是一畦一畦的瓜田延伸着，瓜田尽头便是那望不到尽头的青山，青山的西面是烟火、人家、楼台城郭，后面一带是黑森森的树林，树梢头飘散着逍遥的游云。暮色安静，晚风轻拂，只有几只小鸟在夜暮里飞来飞去。

石评梅呆呆地站立在那里，看着暮色里这空阔美好的一切，心里却在为自己不能摆脱精神的牢笼而有些怨恨："追逐着，追逐着，我不能如愿满足的希望。来到这里又想那里，在那里又念着回到这里，我痛苦的，就是这不能宁静不能安定的灵魂。"

正在这时，小侄女昆林抱着黑猫上来了，是母亲叫她来陪伴她的。

临睡时，天幕上只有几颗半明半暗的小星星，昆林已经在床上乖乖地躺好。石评梅太疲倦了，身体累心却更累，这夜躺在床上，她竟很快地入睡了，不曾失眠，也不曾做梦。

回家后的日子实在是惬意，虽说待久了会觉得单调乏味，但是也总是有一些惊喜的事让她开心。在《社戏》里，石评梅就将自己回家后的种种闲情一一记叙下来，淡淡的情趣也在家庭生活化的日常里体现出来：

> 临离北平时，许多朋友送了我不少的新书。回来后，这寂寞的山城，除了自然界的风景外，真没有可以消遣玩耍的事情，只有拿上几本爱读的书，到葡萄架下，老槐树底，小河堤上，茅庵门前，或是花荫蝉声，楼窗晚风里去寻求好梦。书又何曾看了多少，只凝望着晚霞和流云而沉思默想；想倦了，书扔在地上，我的身体就躺在落英绿茵中了。怎样醒来呢？快吃饭了，昆林抱着黄狸猫，用它的绒蹄来抚摸我的脸，惊醒后，我牵了昆林，黄狸猫跟在我们后边，一块儿走到母亲房里。桌上已放置了许多园中新鲜菜蔬烹调的佳肴，昆林坐在小椅子上，黄狸猫蹲在她旁边。那时一切的环境，都是温柔得和母亲的手一样。
>
> 读倦了书，母亲已派人送冰浸的鲜艳的瓜果给我吃。亲戚家也都把他们园地中的收获，大篮小筐地馈赠我，我真成了山城中幸福的娇客。黄昏后，晚风凉爽时，我披着罗衣陪了父亲到山腰水涧去散步。
>
> 想起来，这真是短短地一个美满的神仙的梦呢！

回家四五天来，石评梅觉得一切都很开心，特别是家人对她的关心和爱护令她无比动容。

同族的很多亲人也纷纷来家里看望她，姑母还专门过来接她去看戏。

然而，在这么多前来探视她的人中，她竟然没有看到堂姐。

以前每逢她一回来，堂姐知道后，一定会立马跑过来找她，而现在过了好几天，堂姐都没有来，她不禁觉得有些诧异。

　　有一天晚饭后，石评梅的父亲要带她出去转转，顺便去白云庵看看故人。她欣然答应了，略略收拾了一下便跟着父亲出门，母亲让小童珑珑提了灯跟着。

　　一路上，父亲向她询问革命军进北京时的盛况，还有奉军在深夜从花神殿旁撤退时的情形，石评梅便不厌其烦地为父亲详细讲述着。在西沉的落日余晖里，石评梅和父亲慢慢地走着，走过了瓜田，便是一片荒地。父亲走到这里忽然停顿了一会儿，脸上忽然露出悲伤的神色，他低着头走过了一处高地，便回头对她说："珠，你堂姐的墓就在这里。"

　　石评梅顺着父亲所指的方向看，一脸惊愕，然后向父亲求证似的问道："谁？堂姐，堂姐死了吗？"

　　然而不等父亲回答她，她已经看到前面果然有一个新坟，坟前树立着一块不太整齐的石碑，上面隐约有些字痕。她赶紧跑过去，到了墓前看到上面写着："戊辰殉难刘秋棠女士之墓"。

　　那时夕阳已经沉入西天，天边的一道红霞映衬着碧绿的田地，四处悄无人声，炊烟袅袅，晚风习习，尽显出黄昏时静穆的祥和。

　　石评梅看着这如此真实的场景，心里却在默默地祈求着，但愿这一切都只是一场梦。

　　她凄然地回身看父亲和珑珑，希望他们能告诉她这不是真的，然而他们都默默地不做声。

　　石评梅怔怔地站在堂姐的墓前，想到堂姐如今正是青春年华，却不幸香消玉殒，转眼间就成了这一抔黄土，心里就不由得为她感到伤心。

　　父亲看到她落泪的样子，心里很是不忍，便走过来拍着她的肩安慰说:"你不要哭,到东边那块石头上去坐坐,我告诉你详细的情形。唉!不是天保佑,怕你今日回来,我们都变成黄头馒头了。"

石评梅听了父亲的话,遂稍稍忍住了悲伤的眼泪,和珑珑扶着父亲坐到了石头上。

她看见父亲脸上的颜色变得很惨淡,枯干深陷的眼睛里也慢慢地湿润了,在父亲满是沧桑的脸上,她细细地揣摩着他那七十多年人生的残痕,不由得一片惊心。

父亲告诉她,堂姐是被奉军的飞机炸弹给炸死的,如果不是堂姐的母亲听信了一些婆婆妈妈的话,执意将她送到她的婆家去避难,堂姐便不会死。

为此,堂姐的母亲哭得死去活来,后悔不该将她送过去,然而悲剧已经发生,现在说什么都已经晚了。

在渐渐黑下来的夜幕中,石评梅听到父亲微微地叹息了一声说:"唉!珠!我老了,我希望见些快活的事情,但结果偏是这样相反。如今我只愿快点闭上这模糊的老眼,赐我永久静默,离开这恐怖万恶残暴野蛮的人间吧!我的灵魂不能再接受了。"

石评梅知道父亲经过这一场悲惨的灾难,心里确实难以承受,现在再一次回想那起血光淋淋的场景,难免会抚今追昔,百感交集。

此时,她不知道该怎么安慰年老的父亲,也不知道该怎么痛哭死去的堂姐,只是默默地望着那一堆黄土发呆。在这样的静默里,珑珑忽然点燃了灯,微弱的光亮便映照在了父亲和她的脸上。

抬头看看天已经全黑了,她于是扶着父亲由原道走了回来,那些无法言语的悲伤便悄悄地潜藏在了心底。

那一夜小楼夜雨，她在梦里梦见堂姐血迹模糊地站在她面前，惊醒后便一夜不曾再入睡。

此次回家，石评梅发觉父亲在这一年里老了很多，精神体态上都明显地大不如前。尽管父亲现在看起来健康无虞，但是她知道父亲的生命已经步入深秋，如一片树梢的黄叶，随时都可能坠落。每每想到这里，一种可怕的暗影就悄悄飞上了她的心头，就连父亲自己有时在欢喜时，也忍不住会忽然地感叹起来。

毋庸置疑，父亲是家里的顶梁柱，也是家里的和平之神。

石评梅不敢想象，要是父亲有一天离开了人间，她和自己的母亲将要陷入怎样的苦痛中。

像他们这样的一个大家庭，历年来不知道从中伏压了多少的积怨，一旦矛盾激发，她担心自己的柔弱的母亲会陷入家庭的风波中，而她为了保护自己的母亲，自然也免不了同样的命运。那时父亲一旦撒手离去，有些虚伪的人便会乘机而入，心底的刺也许就会变成弦上的箭，她和她的母亲便会被卷入一场可怕的灾难中，这一切想想都令人感到忧伤。

母亲也是深知这些隐患的，只是不知道怎么说出口，只能一个人独自地伤心。

每年归来，夜深人静后，石评梅都听见母亲在她的枕畔偷偷地流着眼泪。她深感无力挽回母亲过去铸错的命运，只能在精神上同母亲一起来承担这无言的悲伤。

有时候她虽然离家万里，不在母亲的身边，但是午夜梦回时，她的耳中似乎还能听见母亲在枕畔哭泣的声音。

此时此刻，父亲仍然健在，她不禁感到了万分的欣慰，至少母亲现在还是有可以依靠的肩膀，有能够为她遮风挡雨的父亲。

这次回来后，父亲似乎已经预感自己时日无多，便想找机会向她嘱咐死后的诸事，但石评梅看到泪眼模糊的父亲，便不忍再往下听了。

有一次，父亲向她提到了墓穴建修的事，希望她能陪他去看看工程，她低头咽着泪答应了。那天晚上，母亲便派人将父亲的轿子预备好，她和负责监工的族叔蔚文陪着同去。翌日上午十点钟，他们收拾好准备出发，母亲和芬嫂嘱咐她好好照顾自己的父亲，怕他见了自己的墓穴难过。石评梅点头答应着，心里却不知该怎样安慰父亲，只感到万分的惨痛。

一路艰险，路过的都是崎岖不平的山间小径，沿途山色青青，流水潺潺，景致虽美，但是路却很不好走。

那时，每个人心中似乎都被一种凄怆的情绪笼罩着，沿路很少有人说话，只是各自默默地走着自己的路。在山路上兜兜转转地走了一段时间后，蔚叔便领着众人进了一片繁茂的松林，苍绿阴森的阴影下，现出无数的坟墓来，那些被风雨侵蚀的断碣残碑一片潦倒。接着，蔚叔带他们走进了一片白杨林，石评梅和父亲慢慢地在后面走着，阵阵风吹，声声蝉鸣，都衬得这林间越发显得惨淡空寂、静默如死。

在一片空地，蔚叔站住了，那里堆满了青石和碎沙，旁边不远处就是一个有些深的洞穴。石评梅怔怔地看着那个深洞，明白这就是将来埋葬父亲的坟墓。

她小心地看着父亲，发现他的神色显得格外惨淡，银须白发中，包掩着无限的伤痛。

一阵风过，吹起父亲的袍角，他的银须也缓缓飘拂到左襟。

白杨树上的叶子相互摩擦着，发出呜呜的幽咽，令人听了很是伤感。

这时，父亲颤巍巍地扶着她的手来到墓穴前站定。他仔细周详地在墓穴四周看了一遍，表示很满意，蔚叔又和他商量了一下墓头的式样，他掩饰住心底的悲伤说："外面的式样坚固些就成啦；不要太讲究了，靡费金钱。只要里面干燥光滑一点，棺木不受伤就可以了。"

隔了一会儿，父亲又回头对石评梅说："这些事情原不必要我自己做，不过你和璜哥，整年都在外面；我老了，无可讳言是快到坟墓去了。在家也无事，不愁穿，不愁吃，有时就愁到我自己最后的安置。棺木已扎好了，里子也褙漆完了。衣服呢我不愿意穿前清的遗服或现在的袍褂。我想走的时候穿一身道袍。璜哥已由汉口给我寄来了一套，鞋帽都有，哪天请母亲找出来你看看。我一生廉洁寒苦，不愿浪费，只求我心身安适就成了。都预备好后，省临时麻烦；不然你们如果因事忙因道阻不能回来时，不是要焦急吗？我愿能悄悄地走了，不要给你们灵魂上感到悲伤。生如寄，死如归，本不必认真呵！"

石评梅默默地听着父亲的话，低头不语，怕父亲难过，只得将眼泪偷偷地咽回去。

等蔚叔扶着父亲上了轿以后，她才赶紧取出手绢来拭眼泪。

临走时，她回头向松林深处父亲的墓穴望了一眼，心里想着，再来怕又是一个梦醒后。

那一刻她跪在洞穴前默默地祷告上帝："愿以我青春火焰，燃烧父亲残弱的光辉！千万不要接引我的慈爱的父亲来到这里呵！"

这是石评梅第二次感受到坟墓的残忍可怕,经历过一次以后,她才知道,原来死是这样伟大的无情。

那岐山荒草,那乱坟独墓,让她心惊过,凄伤过,也绝望过,如果有可能,她是多么希望不再去感受这令人伤楚的种种!

哀愤其书

暑假结束后，石评梅离开山城踏上返京的旅途，中途到达石家庄看望了好友梅隐。在正太饭店见到分别已久的梅隐，石评梅便扑到她的怀里痛哭了一场。在家时，她怕重伤年事已高的双亲的心，因而不忍也不能将她心底的悲哀显露出来，所以她总是尽力控制自己不在他们面前落泪。她知道梅隐也是漂泊归来又去漂泊的人，自然也尝了不少人世辛酸的滋味，那夜她在梅隐面前尽情地流着眼泪，梅隐也在这相似的悲哀里伤心落泪了。

回到北京后，石评梅不仅要忙于学校的各种事务，还要负责《妇女周刊》的编辑、组稿等工作，很是繁忙。每当她觉得工作上不顺心，或者心情不愉快时，她便会独自去高君宇的墓上坐一会儿。在那儿她比平常任何时候都要高兴，也比平常任何时候都要悲伤，她高兴待在他身旁，然而也因为他沉眠于此而心痛。

这是一处伤心地，里面埋葬着她爱人的英魂，她的眼泪已经浇洒了墓前的每一块土地。

伤心时她来这里，哀哀切切地与他诉说，他只要静静地听，她就能从这静寂里获得她想要的安慰。

高兴时她也来这里，她喜欢与他分享她的喜悦，她知道他一个人寂寞，所以便经常来这里相陪。

高君宇死后,石评梅写了许多的文章来悼念他,每一篇都情思深重,哀痛至极。

在她的文章里,她面对的不是一个沉眠地上、失去了灵魂的逝者,她习惯用对话的口吻来与他谈心,她会告诉他朋友们的近况,也会提到自己的心绪变化。他在俗世里死去,却在她的心上活着。

在这样的思绪中,日子安然地过着,没有起伏,也无波澜,直到8月22日那天,石评梅去女师大探望陆晶清时,一切都不再安稳太平了。

之前她也曾在报上看到过关于女师大风潮的事件,然而她只是没想到,这场闹剧竟演变成了现在的这场血腥动乱。

那时陆晶清因为回家奔父丧而未能归校,所以侥幸逃过了这一劫难。

然而,陆晶清返校后不久,被错认为意图捣乱的先锋,而惨被驱逐出校。

就在石评梅去红楼替陆晶清搬东西的那天,又忽然接到消息,说陆晶清的恋人在革命活动中也不幸被捕入狱。

陆晶清知道消息后,只是望着天微微地冷笑,失学之忧再加上这则打击,令她陷入了一种异常悲哀的境地。

石评梅能够体会到陆晶清心中的那种悲哀,因而当她们从红楼回到北馆,她并没有勉强陆晶清说一句话,因为她知道此刻她一定是什么也不愿提起的。在北馆的绿屋里,她帮着陆晶清默默地整理床褥、书箱,整理陆晶清那颗被欺凌、被践踏的心,直到晚上十点才回到自己的宿舍。归来的路上,月色凄寒如水,她的心也慢慢地凉透了。

自从陆晶清住到北馆以后，石评梅天天都去陪伴她，也总是竭尽所能地去安慰她。在冷落凄寒的深秋里，她们都是咽着悲愁强作欢颜的人，同是天涯的沦落，也只有她们彼此才能互相懂得。幸而，这悲苦寥落的人生旅途中，有一二知己能够交心深谈，石评梅还是感到了些许的安慰。

冬去了，春又来。

高君宇便是在初春时去世的，转眼便到了他的忌日。

1926年3月5日，农历正月二十一日这一天，是高君宇的忌日，石评梅和一众朋友去高君宇坟前替他扫墓，她看着故友都在，独独少了君宇，一时悲从中来，便在坟前哀哀地哭了起来。朋友们看到这个场景都很是不忍，心中也被她的悲戚感染，不禁也纷纷落下了眼泪。那一天从陶然亭归来，她的心情很不好，前事后忆交接在一起，令她忍不住泪落肠断、精神恍惚。

事后，她写了一封信给焦菊隐，感激他的体贴安慰，也忍不住将自己彼时的心境向他诉说：

菊隐：

　　长信读后我很悲哀！我固然应该感激许多朋友们的体谅我安慰我，不过常常反为了得到安慰而难受！我自己骗自己有三个多月了，我想钻头去寻快乐，愿刹那的快乐迷惑住我，使我的思潮停止波激，那危险的波激！如今，又清醒过来，觉得这样骗法无聊更甚。这样骗法，令我感到的悲哀更深！我错了，我不应该骗自己。

三月五号，正月廿一日，是宇的周年了，我不知该怎样纪念他！我不知什么能够表出我心里这更深更痛的悲哀，在这一年里。风是这样怒号，灯光是这样黯淡，夜是这样深深，做甜蜜梦的人已快醒来，我呢，尚枯自低首坐在这灰烬快熄的炉畔想着：想我糜烂的身世，想我惨淡的人生，想我晦暗的前途！

　　这两三天里，我原旧恢复了往日的心境，我愿用悲哀淹没了我的生命和灵魂！菊隐：我很不愿令你为了我的悲哀而稍有不快，故常破涕为笑地写信给你，希望你不要想到这春风传来的消息里，有我的涕痕和泣声！

　　今天渐不好，睡了一天，心绪乱极了！给父亲写了一封长信，他们看见一定得哭！我本想骗他们，哪知一拿笔除了牢骚，实在写不出一句快活话。

　　我常觉得世界上莫有人，因为我连可以说话的人都找不到。

　　咳，梦太长了！

　　我不应该将这些话写给你，我不应该将我朽木的心理示给你，我忏悔了，朋友，你好好念书吧，不要理我。这封信本想不寄，但又想还是寄给你好，因之你又看到这不幸的墨痕。

　　自去年女师大风潮事件发生后，石评梅的心情一直很低落，时至今日，适逢高君宇的忌日，她潜藏在心底的悲哀也愈加深重。

　　想到高君宇为了中国的前途命运劳累奔波、舍生忘死，而在他死后，这黑暗如地狱般的人间竟一日不如一日，她就不由得感到失望，觉得痛心；他的努力没有换来一个更好的社会，而他却因这社会而壮烈牺牲了，她为高君宇感到委屈，也为自己的无能为力感到悲哀。

1926年3月18日，在高君宇的忌日后不久，流血事件再次上演。

这天，数千名学生和民众在李大钊的领导下，聚集在天安门广场进行请愿，要求拒绝八国通牒。段祺瑞政府遂发动军警，制造了"三·一八"惨案。

其中，女师大的杨德琼和刘和珍不幸罹难，当场被乱枪打死，石评梅的好友陆晶清也受了伤。

石评梅听说后，赶紧往女师大赶来，那时虽是3月，但天空中仍然飘着雪花，仿佛在为这个悲惨的世界默哀一般。快步走进学校的大礼堂，她被眼前的景象震惊到了，那里面简直就像是一座悲凄的坟墓，令她不由得为之战栗。

为了慰问其他受伤的同学，她又匆匆地离开学校，冒着寒风，迎着雪花，朝德国医院赶去。当她再一次看见那半月形的铁栏时，她忍不住战栗了。她没想到，隔了一年的时间，她又重新踏上了这一块曾令她伤心欲绝的地方。她一步一步地往里走，脚却沉重得令她挪不开步子，这里的一切依旧，只是物是人非，往事凄凉，不堪回首。

石评梅硬撑着走进了医院，里面的景象触目惊心，众多的伤者在里面哀叫连连，种种惨状使她不忍目睹。她在一张病榻前找到了陆晶清，陆晶清此时正闭着眼睛，脸上呈现出一副极痛苦的表情。

石评梅看着陆晶清悲惨的脸，不由得有些哽咽，她喊不出她的名字，只是用手轻轻地摇醒她。陆晶清睁开眼，看见是她，立马哽咽着用手轻轻握住她的手，说："呵！想不到还能再见你！"

说完这一句，陆晶清便不能再说什么话了，只是两眼呆呆地看着她。

石评梅便半跪着身子，蹲在陆晶清的病床前安慰道："清！你不要悲痛，现在我们不入地狱，谁入地狱？便是这样的死，不是我们去死，谁配去死？我们是在黑暗里摸索寻求光明的人，自然也只有死和影子追随着我们。'永远是血，一直到了坟墓'。这不值得奇怪和惊异，更不必过分地悲痛，一个一个倒毙了，我们从他们尸身上踏过去，我们也倒了，自然后边的人们又从我们身上踏过去。生和死，只有一张蝉翼似的幕隔着。看电影记得有一个暴君放出狮子来吃民众。昨天的惨杀，这也是放出野兽来噬人。只恨死几十个中国青年，却反给五色的国徽上染了一片污点，以后怎能再拿上这不鲜明的旗帜见那些大礼帽、燕尾服的外国绅士们。"

医院的空气很是阴森凄惨，尤其是听见同屋里其他重伤者的呻吟，石评梅心里便更加难受。

这时，陆晶清说，她闭上眼就看见刘和珍，耳朵里回荡着的是杂乱的枪声和救命声，心里很不安宁。因此，石评梅向负责病人的狄夫人申请将陆晶清接出院，得到允许后，她们两个人便乘车回了女师大。回到学校，听人说刘和珍的棺材五时许会到达学校，她们便坐在那里等着。

天愁地惨、风雪交加的黄昏时候，刘和珍的棺材被抬进了学校。一时间，同学们的哭喊声响彻了整个礼堂，石评梅和陆晶清也站在人群中默默地流着眼泪。

　　石评梅实在不忍看到这悲惨血腥的一幕，那一刻，她冷得全身都在颤抖，心中充满了悲愤。

　　红绿的花圈、哀伤的挽联堆满了整个礼堂，四周都是哀声，很多不相识的朋友都含着热泪，来到这里哀悼、痛哭这两位女英雄。

　　石评梅看着烛光闪烁里杨德琼和刘和珍的遗容，在无尽的悲痛里，她坚定了自己的理想，也下定了决心，希望用自己残余的生命去追随她们远逝的英魂。

　　风雪无声，普天同哀。

　　此刻，她站在这里只有沉默，唯有沉默。

　　沉默是最深的悲哀，正如鲁迅先生所言，不在沉默中爆发，就在沉默中灭亡！

蔷薇周刊

"三·一八"惨案发生后,石评梅3月22日在《京报副刊》发表了《血尸》来悼念逝去的杨德琼和刘和珍,其间也表达了她对此次屠杀事件的痛心和悲愤。

3月25日晚,她去参加完刘和珍的追悼会回来后,于深夜又写了一篇《痛哭和珍!》,来寄托对惨死在乱枪之下的刘和珍的哀思:

> 和珍!你一瞑目,一撒手,万事俱休。但是她们当这血迹未干,又准备流血的时候,能不为了你的惨死,瞻望前途的荆棘黑暗而自悲自伤吗?你们都是一条战线上的勇士,追悼你的,悲伤你的,谁能不回顾自己。
> 你看她们都哭倒在你灵前,她们是和你偕行去,偕行归来的朋友们,如今呢,她们是虎口余生的逃囚,而你便作了虎齿下的牺牲,此后你离开了她们永不能偕行。

段祺瑞政府对无辜民众施行惨无人道的大屠杀,激起了国内各界进步人士的愤慨和抗议,国内的多家报纸也纷纷发文对其进行谴责。鲁迅称3月18日这一天为"民国以来最黑暗的一天"，之后还写了《记念刘和珍君》这一篇文章来纪念刘和珍，并借此来表达他对反动政府此种残暴行径的激愤和讽刺：

> 真的猛士，敢于直面惨淡的人生，敢于正视淋漓的鲜血。这是怎样的哀痛者和幸福者？然而造化又常常为庸人设计，以时间的流驶，来洗涤旧迹，仅使留下淡红的血色和微漠的悲哀。在这淡红的血色和微漠的悲哀中，又给人暂得偷生，维持着这似人非人的世界。我不知道这样的世界何时是一个尽头！

《京报》的社长邵飘萍以《京报》为阵地积极号召文艺界进步人士撰稿支援，希望他们以笔为武器，揭露真相，痛斥反动政府，从而来慰藉逝者的英魂，更希望由此唤起民众对反动政府认识，促使其走上抗争的道路。

在邵飘萍的支持下，《京报》发表了许多大胆的文章和评论，并称这些在"三·一八"惨案中不幸逝世的死难者为"烈士"。邵飘萍不仅在《京报》上发表了一系列关于大惨杀的详细报道，并且出版了《首都大流血写真》来纪念此次运动。

《京报》是当时著名的进步报刊，邵飘萍又是一个坚定的共产主义者，这一切，使邵飘萍陷入了随时都可能被逮捕的危险中。当时有很多好友都劝邵飘萍趁早离开京城去避难，但是他不愿就此放弃自己的进步事业，仍然坚守在《京报》的阵地上。

1926年4月26日，邵飘萍被军阀政府杀害。

邵飘萍遇难后，不仅《京报》被查封，就连得到他支持的《妇女周刊》也难以再继续支撑。石评梅得知邵飘萍被害的消息后，十分悲伤，也为自己痛失了这样一位良师益友而感到深深的惋惜。她还清晰地记得他爽朗的笑声，他的那些文字里似乎还残留着他的温度和力量，然而，他毕竟是逝去了，走远了，只留下悲泣的人们为他哀悼着。

为了不让那些惨死者的鲜血白流，也为了继承邵飘萍先生的遗志，石评梅决心另起炉灶，开辟一份新的特刊来继续他们未竟的事业，誓与一切反动势力斗争到底。经过一番艰辛和奔波，石评梅终于争取到了《世界日报》的支持，并获得允许由她来筹办其副刊。因为有之前筹办刊物的经验和人脉，石评梅在新刊物的创刊准备过程中显得游刃有余，各种繁杂事务处理起来也得心应手得多。不久后，由她一手创办的新刊物面世发行，这便是后来的《世界日报·蔷薇周刊》。

《蔷薇周刊》创刊后，陆晶清也加入进来，帮助石评梅应付各种编辑工作。当时，石评梅不仅要忙于《蔷薇周刊》的组稿和编辑等诸多繁杂事务，同时还兼任着好几个学校的授课老师，为此她虽然体力不支，常常感到心力交瘁，但还是在努力坚持着。石评梅的努力和决心得到了许多朋友和文艺界作家的支持，当时有一大批极富名望的作家相继为《蔷薇周刊》撰稿，庐隐、胡也频、翟菊农、周作人等作家的名字也经常见诸于刊物之上。

早前，鲁迅曾对《妇女周报》给予了大力支持，但也指出其在文章评论方面的诸多不足和欠缺。石评梅在编排《蔷薇周刊》时就汲取了这一经验，特别增加了评论文章的版面，使刊物既贴近社会现实又兼具战斗性，因而很受鲁迅先生的赏识。1926年8月26日，鲁迅离京南下，石评梅至前门车站送行，鲁迅在当天的日记中记载:"三时至车站,晶清、石评梅来送。"可见,石评梅和鲁迅是彼此熟识的,而在办刊物的诸多理念上,石评梅也受到了鲁迅的诸多启发和影响。

石评梅不仅在外积极向文艺界人士组稿约稿,她自己也尽量从冗繁的事务中抽出空闲来撰稿写文,为《蔷薇周刊》贡献出了多篇佳作。

从1926年《蔷薇周刊》创刊以来,石评梅在上面发表了多篇散文、诗歌和小说,其中,她的小说代表作《红鬃马》和《匹马嘶风录》便是在此期间创作的。

这些作品中,有她个人的经历和心绪的叙说,更有她对社会和未来的展望。

其中,还有一些篇幅是她专门写给高君宇的,字字深情,句句含泪,令人为之动容,为之感伤。

1926年11月18日,在高君宇吐血发病两周年之际,石评梅再次想起了他重病住院期间的历历往事,心里哀伤不已。就在前几天,她恰好收到了高君宇弟弟的信。

在信里,他告诉她因为封建家庭的原因,他已经失学一年多了,但是他终将以哥哥为榜样,不放弃一切向前的希望,也劝慰她能早日放开心怀。

静弟的来信让她的思绪沉浸在高君宇离世的悲痛中难以自拔,由此,她想起了许多她和他之间的那些伤心过往,一幕一幕,如在昨日。

那天夜里,她躺在床上一直不能入睡,遂起身给高君宇写信,后整理成散文《缄情寄向黄泉》发表在《蔷薇周刊》上。

在文中，她提到了静弟的近况，也将别后朋友们和她的情况向他一一叙说，言辞凄切，满心哀痛：

辛！是残月深更，在一个冷漠枯寂的初冬之夜，我接读静弟这封信依稀是你字迹，依稀是你语句的信。久不流的酸泪又到了框边，我深深地向你遗像叹息！记得静弟未离京时，他曾告过贤以他将来前途的黯淡，他那时便决心要和家庭破裂。是我和贤婉劝他，能用善良的态度去感化而有效时，千万不要和家庭破裂。因为思想的冲突，是环境时代不同的差别之争。应该原谅老年人们的陈腐思想，是一时代中的产物；并不是他对于子女有意对垒似的向你宣战。因之，能辗转委婉去和家庭解释。令他能觉悟到什么是现代青年人应做的工作，自我的警策。令他知道我们青年人，绝对再不能为古旧的家庭或社会做涂饰油彩的机械傀儡。父母年老，假如一旦你的消息泄露，静弟再远走愤去。那你们家庭的惨淡，黑暗，悲痛，定连目下都不如，这也不是你的意愿和静弟的希望吧！所以我一直都系念着静弟，那最后的决裂的敬礼。

认识我们，和我们要好的朋友，现在大半都云散四方，去创造追求各个的生命希望去了。只有你的贤哥，和我的晶妹，还在这块你埋骨的地方，伴着你。朋友都离京后，时局也日在幻变，陷入死境，要寻找前二年的那种环境和兴趣已不可得。所以连你坟头都那样凄寂。去年那些小弟弟们，知道你未曾见过你的朋友们，他们都是常常在你的墓畔喝酒野餐，痛哭高歌的。帮助我建碑种树修墓都是他们。如今，连这个梦也闭幕了。你墓头不再有那样欢欣，那样热闹的聚会了。

他们都走向远方去了。

自从那块地方驻兵后,连我都不敢常去。任你墓头变成了牧场,牛马践踏蹂躏了你的墓砖,吃光了环绕你墓的松林,那块白石的墓碑上有了剥蚀的污秽的伤痕。我们不幸在现代做人受欺凌不能安静,连你做鬼的坟茔都要受意外的灾劫;说起来真令人愤激万分。辛!这世界,这世界,四处都是荆棘,四处都是刀兵,四处都是喘息着生和死的呻吟,四处都洒滴着血和泪的遗痕。我是撑着这弱小的身躯,投入在这腥风血雨中搏战着走向前去的战士,直到我倒毙在旅途上为止。

我并不感伤一切既往,我是深谢着你是我生命的盾牌;你是我灵魂的主宰。从此就是自在的流,平静的流,流到大海的一道清泉。辛!一年之后,我在辗转哀吟,流连痛苦之中,我能告诉你的,大概只有这些话。你永久的沉默死寂的灵魂呵!我致献这一篇哀词于你吐血的周年这天。

无论是忙于教育事业,还是为了《蔷薇周刊》各处奔走时,石评梅都没有忘记过高君宇,在她的心中始终有一处空间是留给他的。

她沿着他曾经的方向和道路一路前行,不管前途如何艰难,如何凶险,她都无所畏惧。

因为她知道,无论是活着还是死去,他都会一直陪着她,直到永远!

红颜薄命

于石评梅而言，1927年至1928年上半年，可谓是她的创作年。

在这一年多的时间里，她写了几十篇文章，题材广泛，在诗歌、散文和小说的创作上均有很大的突破。这些文章除了几篇被刊登在《语丝》上以外，其他的全部都发表在她主编的《蔷薇周刊》上，受到了读者的热情追捧，反响也很是强烈。

彼时，国内时局动荡不安，经济凋敝，民不聊生，很多人都丧生于战争的炮火之中。

为此，石评梅虽然满怀忧思，想要以己之薄力救民众于水火之中，面对现实，也常常是心有余而力不足。为此，她只能力所能及地在《蔷薇周刊》上发表一些揭露反映时事现状的文章，以期引发关注，唤醒民众的意识，号召全社会一起共谋中国之前途。

白天忙碌于各种工作之中，晚上常常不得入眠，数年来集成的心病每每让石评梅夜里辗转反侧。为了麻醉自己，让自己在劳累奔波之后得到片刻的安宁，她只能灌醉自己，但却只是"借酒浇愁愁更愁"。

后来，陆晶清离开了北京，她连在北京唯一的精神慰藉都没有了，自此便更加郁郁寡欢。

几个月前，石评梅从住了五年之久的穆宅里搬了出来，现在暂时住在荒芜凄凉的花神殿中。

来到这里已经有三个月了，可是每次早出晚归，她都很少有机会好好地对这花神殿审视欣赏一番。在今夜这样的月色里，她终于有空闲到院里来走走，顺着花畦，绕过竹篱，穿过一个小月亮门来到了花神殿前。魏然庄严的大殿，葱郁繁茂的古松，安然屹立的大理石日晷，和那久经风雨侵蚀的铁香炉，都在月光的笼罩下，充满了别样的韵味。

石评梅倚着那棵老槐树沉思了一会儿，便走到井口旁边的木栏上坐下，仔细地欣赏着这古殿荒园中的另类美景。明月幽辉，佳景凄凉，她呆呆地坐在那里，任愁绪一点点将她包围。这沉默恐怖的黑夜，让她想到了战乱交错的社会，也让她想到了身处异乡、漂泊无依的自己。

对着这神妙幽美的花神殿，我心觉着万分伤感。回想这几年漂泊生涯，懊恼心情，永远在我生命史上深映着。谁能料到呢！我依然奔走于长安道上，在这红尘人寰，金迷纸醉的繁华场所，扮演着我心认为最难受最悲惨的滑稽趣剧。忘记了过去，毁灭了前尘，固无是件痛快的事；不过连自己的努力，生活的进程都默然不顾问时，这也是生的颓废的苦痛呢！那敢说游嬉人间。

呵！让我低低喊一声母亲吧！我的足迹下浸着泪痕。

三月前我由荫护五年的穆宅搬出来，默咽了多少感激致谢的热泪。五年中待遇我的高义厚恩，想此生已不能图报万一，我常为这件事难受。假使我还是栖息在这高义厚恩之中时，恐怕我的不安，怍愧，更是加增无已。因此才含涕拜别，像一个无家而不得不归去的小燕子，飞到这荒凉芜废的花神殿。我在不介意的忙碌中，看着葱茏的树枝发了芽，鲜艳的红花含着苞蕾；如今眼前这些姹紫嫣红，翠碧青森，都是一个冬梦后的觉醒，刹那间的繁华！往日荒凉固堪悲，但此后零落又哪能设想呢！

我偶然来到这里的，我将偶然而去；可笑的是飘零身世，又遇着幻变难测的时局，倏忽转换的人事；行装甫卸，又须结束；伴我流浪半生的这几本破书残简，也许有怨意吧！对于这不安定的生活。

对于自己近来的种种心境，她在《花神殿的一夜》中，叙说了良多，彼时她的情绪很是悲伤低落。每天被事务缠身，需要应付各种各样的人事，她已经神思疲惫，那本就贫弱的身体也渐渐地被拖垮了。

石评梅当时并没有十分在意自己的身体健康，仍旧是早出晚归，为了各种琐事奔波忙碌，然而病来如山倒，等到她有所察觉的时候，一切都已经晚了。

在身体和心灵的双重折磨下，石评梅的健康一日不如一日，神思也开始有些恍惚。

1928年9月17日清晨，石评梅起床后就觉得身体很不舒服，全身都有点发凉。

因为昨夜失眠的缘故，她起身坐了一会儿，所以她以为自己只是夜里受了一点凉，并没有将自己的病情放在心上。

尽管抱病在身，石评梅还是强打起精神去给师大附中的学生上课，下午又到若瑟中学去上体操课。上体操课的时候，她开始还没有什么异样的感觉，然而到后来，她的头便开始疼了起来，身体也支撑不住了。

站在操场上，她觉得自己仿佛是头站在地上，脚朝着天似的，当时她就觉得心烦意乱、头晕眼花，仿佛要晕倒一般。

没能上完课，石评梅便向学校请了假返回家中。

躺到床上后，她觉得四肢不能动弹，头剧烈地疼痛着，并且也开始有些发烧。

在病痛的折磨下，石评梅百般难受，很快便陷入了昏迷之中。

在整夜的噩梦中，她疲惫不堪，病情也越来越严重，到了第二天，体温不仅没有降下来，还一直高烧不断。

前来探病的好友见石评梅病情危急，就马上将她送进了山本医院进行治疗。

然而，入院后，虽然有医生的精心护理，但是她的病却一直不见好，整个人已经陷入了完全昏迷的状态。

9月23日，经过商量，她的一众好友遂将她转入医疗条件更好的协和医院进行抢救。

如果石评梅尚有意识的话，她是断不会允许朋友们将她送到这个伤心地的，高君宇离世后，她就对协和医院充满了恐惧感。

她害怕来到这里看到物是人非的景象，更害怕想起她和他在这里曾度过的点点滴滴，那不是回忆，而是一场可怕的噩梦。

然而，此刻她毫无知觉地躺在这里，高烧不断，昏迷不醒，就连生命也危在旦夕。

她无力再计较这些伤心事，那一刻，她好累，但心里终于放松，因为烦恼的俗世情缘已经不能再引起她情绪的丝毫变化。

协和医院的医生们经过诊断，确定石评梅患的是结核性脑膜炎，并发肺炎。

她的好友们听到诊断结果后，心里都不由得凉了一片，其中有些人甚至当场就伤心得流下了眼泪。在当时的年代，医疗条件很是落后，也没有抗结核的药物，因而，她的病几乎没有挽救的可能，死亡也是随时的命运。

在石评梅住院期间，她的好友、同事和学生们都天天来医院看她，他们悲伤地叫她唤她，然而陷入重度昏迷中的她却一直没能听见。

经过数度的抢救，医生们已经对她的病情束手无策了，9月30日凌晨两点左右，石评梅撒手人寰，静悄悄地离开了这个世界。

这一年，石评梅26岁；

那一年，高君宇29岁；

他们之间相差三岁，她在他死后三年也追随他飘然而去。

从此以后，俗世红尘，再与他们无关。

暮春深秋，炎夏寒冬，匆匆三载，石评梅一个人凄然度过，高君宇走后，她的世界里已经不复再有绚丽的色彩。

她曾说，她是一个罩上了黑纱的人，为了他的死，她早已经将眼泪流尽，将深情付尽。

陶然亭畔，荒林独墓旁，她已经流完了她所有的眼泪，也偿还了他的情债。

这世间的物象因果、情痴纠缠，也随着她的短暂的一生烟消云散。

前尘往事都散在回忆里，情深似海也埋在了黄泉中，生死梦幻，因缘亦有定数。

合葬荒丘

红叶满树，黄花满地，北京的秋天又来了。

石评梅最喜的秋天，也深爱秋阳下的红叶，西山的秋林胜景尤其令她倾心。

高君宇从西山采撷的一片红叶至今还夹在她的日记中，在他们相识相交的时光里，一片红叶上书写着两种字迹，也承载着两种截然不同的心情。

这一场遗憾，最终还是由她亲手圆满了，他生前遭到拒绝，然而死后却得到了她的真心。

"生前未能相依共处，愿死后得并葬荒丘。"

在红叶的背面，她写上了这一句死后遗愿。

希望能与他一起长眠地下，从此相依相伴，不再分离。

1928 年 10 月 1 日，星期一，师大附中为了纪念石评梅，决定全校师生放假一天，以示对她的深切哀悼。在校长林砺儒的组织领导下，附中所有学生列队走向协和医院，为他们可敬可爱的老师石评梅送行。

期间，有很多学生的家长和喜爱她的读者都纷纷加入了送行的队伍，绵延的人群，哀号的声音，让众多的行人不由得驻足凝视，也忍不住为之唏嘘慨叹。

从协和医院出来，送行的队伍随着石评梅的棺木，经由帅府园向长寿寺出发。

一路上，送葬的队伍蜿蜒徐行，在静寂的沉默中，哀怨的秋风和着人们的啜泣声，低低呜咽着，悲鸣着。

下午一点左右，送殡的队伍护送着石评梅的灵柩到达长寿寺，所有人都严守秩序，一一进入寺庙大堂与她最后告别。

10月13日，师大附中为石评梅举行追悼会，若瑟中学、春明女校和女一中的师生们也过来参加了，石评梅的众多好友也纷纷赶来，那一天，师大附中的操场上挤满了前来悼念的人们。

无数的鲜花和挽帐堆集在操场上，石评梅的遗像被摆在会场中央，其上下都置有一块横匾，上匾写着"天丧斯文"，下匾下着"目洒秋风"。

在她遗像的旁边，林砺儒先生还专门为她写了一副挽联：

五六年绩咸举教有方光踏我门墙讵料一朗摧健者
十余日舞景非诵声咽凄冷女学部不堪再听唤先生

石评梅的去世，使好友庐隐为之悲伤不已，满心哀痛。

从石评梅住院到最终离世，她都一直陪在她身边，尽管忙于工作，但她每天都会抽出时间来看她。庐隐深知石评梅病情严重，然而在内心深处，她总在默默祈祷着，希望奇迹可以降临。

然而，石评梅最终还是没能战胜病魔，很快便凄然长逝。

追悼会前，庐隐为石评梅写了一首悼亡诗，以示对她的深切怀念：

> 昨夜冷月寒光里，
> 看你挣脱苦闷的人间；
> 那时众星低唱挽歌，
> 人间都沉入悲寂。
> 可怜我悄悄摔碎灵之琴轸，
> 唉！评梅！
> 除你更谁了解这凄调哀音！
> 记否白屋中的笑语？
> 记否星夜下的悲情？
> 这一切而今何堪回忆！
> 美丽的蔷薇，
> 已枯萎于秋风里！
> 唉，评梅！
> 英灵不泯当听见夜莩之悲泣！

石评梅生病住院时，好友陆晶清已经离开北京去了西湖，中秋过后又到了沪滨，当听到她病危的消息后，陆晶清便立马起身返回京城。

然而，归程太慢，石评梅奄奄一息，最终还是没能等到好友的归来。

为此，陆晶清悔恨不已，在石评梅的遗体前，因为悲伤过度，她多次哭晕了过去。

入殓的时候，陆晶清和庐隐将石评梅生前那本十分珍视的日记本放到了她身边，里面夹着高君宇的相片和那片红叶。

在送行的路上，陆晶清忽然想起那一个黄昏，她陪着梅姐为君宇送殡时的情景，没想到三年后，竟是她来为梅姐送殡。

那一刻，她纵然悲痛万分，不忍不舍让梅姐就这样凄然而去，但是在内心里，她也在祈祷着，希望梅姐能同君宇早日相见，让他们的遗憾在她的死里获得最终的圆满。为了表达对好友的沉痛哀悼，陆晶清在石评梅去世一个月后含泪忍悲写下了祭文《我哭你唤你都不应》：

梅姐！你太忍心，任我哭你唤你都不应。

我是归来了。你冥途未远总应该知道？三天前的清晨，我抱着万分凄酸回到两年不见的灰城，天呵！景物虽依旧，人士已全非；下车后我抖颤得移不动双脚，真有谁能料到，此番我归来已是见不着你了！你，不是逃避，不是远去，是，带着你一切愁恨，与世长辞了！梅姐呵！我要怨天，天太无情；我怨你，你，真太忍心！

直到现时我都仿佛是浸沉在恶梦中！我不信，我真不信你就能这样的死去。你瞑目吗？在冷酷的世界上你扔下了年老病多的父母，在崎岖的旅途上，你呵抛弃了同命的孤苦朋友；从今后，这人间只留下了永久的恨，一条不能弥补的伤痕！是中秋过后我由西湖回到沪滨，骤然的读到你病危的信，唉！青天一声霹雳，我已震惧得只会流泪！卸罢行装我就拍电探问你的病状，两天内拍四次快电得不着回音，我已知必是凶多吉少。果然呵，一个黄昏当我由做工的地方回住所，不幸的消息——你的死耗就传到了！天！这有如一把利刃直插入了我的心房，梅姐！请为我想想是怎样的受创伤？！痛极了，只惨呼一声我便什么都不知道；只有痛哭，我捶胸痛哭着呼天换地都不应，我真恨，恨天地是这般无情。

痛楚中忆起了你的一句旧诗，是两年前的冰天雪地中我负伤南下时你送别我的一句，曾说起"残稿遗骸，我待你归来再收埋。"当时仅看作一句凄艳的诗，不想而今竟应验了！应验了！两年阔别就成为永诀，梅姐呵，你是早已预料有今日吗？

于今我归来了，为了收埋你的残稿遗骸而归来。梅姐！我重创的心又经一次的洞穿已如象秋风中落叶一般枯碎！我想到了几年来你爱我护我的深情真要随你死去！唉！梅姐，在人间还有谁知我的苦情比你深切？从今后在人世再没有用全心全力来爱护我这孤苦女孩的人了！我们本是同命的一对可怜小鸟，我们原约定了要相慰着相伴着走完这崎岖的生之旅途，但，而今你竟舍我长逝了，梅！我的梅姐呵你咆哮我孤零零彷徨于此悠长旅途，忍心吗？

尤其难堪的是你的父母，你的白发苍苍，年迈古稀的老父老母！你扔下了他们朝暮饮泣度此凄凉晚境不太残酷吗？梅呵，泉下如有知，你也定当伤心！自得你的噩耗到如今，我最不放心的就是住居在山城的一对白发老人，我不敢想到他们闻听你的死讯时的情景，至今我还不知他们是死是生；昨天曾写了封信去问浥清嫂并请她设法安慰老人，过些时如可能，我当为了一双老人去走一次山城。

我是归来后的第二天下午去看过你，由庐隐、子英们几个朋友伴我去。我一直抖颤着走到长寿寺门口已不能再支持，紧紧的依靠着庐隐才走近停放你的棺木的小屋前；当子英吩咐一个看管人开门时我再忍不住就放声大哭了，梅姐！可怜我只哭出一声便昏倒了！慢慢的才醒来，我坐在地下再哭再昏了几次直到子英们强扶我进对面的客室去休息，那时候我还没有看清你的棺究竟在那里是怎样的安放，因为我的眼前一直是昏黑得什么都看不见。在我请求庐隐们扶我去看看你后，我又重新到了你的灵前，唉！梅姐，依然为了我痛哭，眼睛又昏黑了，终于到走出长寿寺时我还是没有看到你，长眠在木棺内的你。

　　……

　　石评梅走后，陆晶清翻理着她的残诗遗稿，回想起她们昔日种种的往事，心中不由得感觉到无尽的空虚和凄寒。

　　她从此一走，便也带走了她们之间那些欢欣的过往，留下的都是苦涩的回忆，每一次想起，每一次都令陆晶清泪落肠断。

　　陆晶清依然清晰地记得当年离京南下时，梅姐在她临行前拍着她的肩说："清！咬牙挣扎着南去，一切的痛苦让它都积存在心底，有酸泪不要在人前洒，你留着归来时再向我哭诉。"

　　离别的两年间，陆晶清一直记得梅姐的话，只是没想到而今自己终于从南方归来，想要同她哭诉自己那可悲可惧可叹的遭遇时，她却永远地离开了她，没有眼泪，也没有告别。

　　10月21日，女师大在大礼堂再次为石评梅举行追悼会，世界日报社、蔷薇社、无须社、春明女校等纷纷前来哀悼。

　　女师大学生会、林砺儒和庐隐等人相继写了悼念文章，并在会上诵读，现场许多人都感动得流下了热泪。

根据石评梅的遗愿，陆晶清和庐隐等一众好友决定将她安葬在陶然亭畔，高君宇的墓旁。

因为还未得到石评梅父母的首肯，所以他们暂时将她的灵柩安放在长寿寺内，只等她父母同意后便可着手安葬事宜。

为了能亲眼看见梅姐安然入土，陆晶清将自己南归的行程推后，这一次最后的离别，她实在不愿再次错过。

1929年10月2日，石评梅的好友将她的灵柩从长寿寺迁到了陶然亭畔，安葬在了高君宇坟冢的右侧。

陆晶清在去石评梅山西老家时，曾受她母亲的嘱托，将她幼时喜爱的龙凤会鎏金红漆梳妆盒放进了她的墓中。

这本是母亲为石评梅准备的嫁妆，她生前没能用上，但愿死后她能够与所爱之人并结连理，永生永世不再分离。

石评梅的碑面刻着"故北京师范大学附属中学女教员石评梅先生之墓"，碑基上用篆书镌刻着"春风青冢"四个大字，此外，墓碑上还刻有几百字的墓志："石评梅先生，讳汝璧，前清光绪二十八年阴历八月十九日出生于山西平定县。幼聪慧，长好文学，而常有致力教育以改造社会之志。民国十二年，卒业于北京女子高等师范体育系，任北京师范大学附属中学体育及国文教员，女子部学级主任，六年之间，劳绩卓著。著有《涛语》《祷告》《偶然草》数书行世。十七年九月二十九日，以脑病殁于协和医院，年二十有六，葬于北平宣武门外陶然亭畔。"

石评梅逝世后，1928年12月，由蔷薇社编辑，《世界日报》印行《石评梅纪念刊》，登载了她生前的三十多篇文章来纪念她。

1929年，经过庐隐和陆晶清等好友的努力，石评梅生前所著小说散文集《偶然草》、散文集《涛语》等书也编辑完成，后来分别由盛京书店（后又改由北新书局）和文化书局出版。

  绿杨芳草，荒林石墓，如今的高石合墓前游人如织，追念凭吊者数不胜数。
  在湛蓝的天宇下，石评梅和高君宇高大的石刻雕像并肩而立，无论四季的景色如何变幻，他们坚定的眼神都只为彼此停留。
  这一对历经磨难而矢志不渝的恋人，这一段跨越生死而情比金坚的爱恋，在陶然亭畔的晨晖夕阳里，经久沐浴，熠熠生辉，成了无数人心目中的一枕绮梦、一段传奇！

图书在版编目（CIP）数据

石评梅传：生如夏花 / 徐丹著 .—北京：
中国华侨出版社，2016.11
　　ISBN 978-7-5113-6480-7

Ⅰ.①石… Ⅱ.①徐… Ⅲ.①石评梅（1902-1928）- 传记
Ⅳ.① K825.6

中国版本图书馆 CIP 数据核字（2016）第 278748 号

石评梅传：生如夏花

著　　　者	徐　丹
责任编辑	文　蕾
责任校对	王京燕
经　　销	新华书店
开　　本	670 毫米 ×960 毫米　1/16　印张 /17　字数 /235 千字
印　　刷	三河市华润印刷有限公司
版　　次	2022 年 2 月第 1 版第 2 次印刷
书　　号	ISBN 978-7-5113-6480-7
定　　价	32.00 元

中国华侨出版社　北京市朝阳区静安里 26 号通成达大厦 3 层　邮编：100028
法律顾问：陈鹰律师事务所
编辑部：（010）64443056　　64443979
发行部：（010）64443051　　传真：（010）64439708
网　　址：www.oveaschin.com
E-mail：oveaschin@sina.com